KB267092

프롤로그

앞으로 10년쯤 지나면 회사의 모습은 지금과 꽤 달라져 있지 않을까?

회사에서는 인간이 팀장이 되고, AI를 팀원으로 받아들이는 구조가 자연스러워지지 않을까?

우리는 그 상상을 출발점으로 삼았다.

막연한 미래 예측 대신, 구조를 상상해 보기로 했다.

기술은 더 정교해지고, AI는 더 빠르고 정확해질 것이다. 업무의 속도는 지금보다 훨씬 가속화되고, 반복과 계산은 대부분 자동화될지도 모른다.

그렇다면 인간은 무엇을 하게 될까?
우리는 '대체'가 아니라 '재배치'라는 관점에서 출발했다.

AI가 팀원이 되고, 인간이 팀장이 되는 구조.
AI는 분석하고 제안하며 실행을 돕고, 인간은 방향을 정하고, 판단하고, 책임을 진다. 이 변화는 분명 많은 장점을 만들어 낼 것이다.

더 정교한 의사결정, 더 빠른 실행, 더 넓어진 가능성. 하지만 동시에 새로운 질문도 등장한다.

판단의 기준은 무엇이 될까. 책임의 주체는 누구일까. 효율이 높아진 사회에서 인간의 고유한 역할은 어디에 남아 있을까.

이 수업은 그 질문을 피하지 않았다. 오히려 그 질문을 중심에 두었다.

학생들은 10년 후를 가정하고, 그 변화 속에서 생겨날 문제를 정의했다. 그리고 그 문제를 해결하는 회사를 직접 설계했다.

자신이 팀장이 되어 AI를 팀원으로 구성하고, 기획하고, 전략을 세우고, 해결 방식을 제안했다.

GPT는 이 과정에서 협업 파트너로 참여했다. 아이디어를 확장하고, 논리를 정리하고, 글을 구조화하는 데 기여했다.

그러나 최종적인 선택과 책임은 언제나 인간의 몫이다. 이 책은 기술 낙관론도, 기술 비관론도 아니다.

이 책은 'AI 시대의 리더십은 무엇인가'에 대한 실험 기록이다.

10년 후, 우리는 AI와 경쟁하는 사람이 아니라 AI를 이끄는 사람이 되어야 할지도 모른다.

이 책은 그 미래를 상상한 결과물이 아니라, 그 미래를 미리 설계해 본 하나의 시도다.

이제, 당신도 그 10년 후의 회의실 문을 열어 보길 바란다. 그 안에 는 인간 팀장과 AI 팀원이 함께 만든 새로운 회사의 풍경이 펼쳐질 것 이다.

10년 후, 우리 회사의 막내는 AI 로봇이다.

2026년 2월 25일
송지성·정다희

목차

PART 3 기억을 편집하는 시대

PART 4 삶의 시스템을 다시 쓰다

PART 1

기술과 인간, 협업의 시작

명노준
하 람
박지민
정현우
짱루쏭

아군을 사살하라

　10년 후, 대부분의 국가는 극심한 저출산과 고령화를 겪게
되고 그 결과 청년층은 국가가 가장 아껴야 하는 희귀 자원이
된다. 출생률은 떨어지고 젊은 인구는 빠르게 줄어들어 한 명
의 청년을 20년 이상 키우고 교육하고 훈련하는 데 드는 비용
은 폭등한다. 그 결과 병사 한 명을 전장에 내보내는 비용은 전
투 로봇 수십 대 혹은 수백 대를 생산하는 비용보다 더 비싸질
것이다.

　이러한 변화는 전쟁 방식 자체도 강제적으로 바꾸게 된다. 청
년은 더 이상 소모될 수 있는 인력이 아니라 국가의 존속을 지
탱하는 가장 중요한 자원이 되기 때문에 국가들은 젊은 병사를
전장에 내보낼 수 없게 된다. 이 때문에 전쟁의 주력은 자연스
럽게 로봇 전투체계로 이동한다. 로봇은 빠르게 대량 생산할 수
있고 파괴되더라도 인구 구조에 영향을 주지 않으며 청년을 희
생시킬 필요가 없다.

　　국제사회는 도시와 민간 지역을 보호하기 위해, 전쟁을 사람이 사는 곳에서 완전히 분리한 특정한 무인 전장 - 사막 한가운데나 무인도처럼 인위적으로 비워 둔 '중립 지역'을 지정하게 된다. 이러한 중립 지역에서만 국가 간 분쟁을 해결하는 새로운 합의까지 도달하게 되고, 전쟁은 사람이 아닌 로봇 군단끼리 맞붙는 관람형 전쟁으로 변화하게 된다.

　　원래는 21세기 후반에나 등장할 것으로 여겨졌던 무기들이 예상보다 빠르게 실전 배치되었다. 초EMP, 양자 교란 무기, 위성 기반 전자전 장비는 특정 목표만 정밀 타격하는 것이 아니라, 주변 도시 전체의 전력·의료·교통·통신망을 순식간에 마비시킨다. 한 번의 전술 EMP만으로도 병원 장비, 자율주행 인프라, 식수 공급망 등이 일시적으로 마비되어 도시 기능 전체가 급격히 저하될 수 있다. 이러한 기술적 특성 때문에, 국제사회는 핵확산금지조약(NPT)을 넘어서는 새로운 전쟁 규범을 제정했다. 인간이 사는 도시·주거·산업 밀집 지역에서는 초EMP·양자무기·전자전 장비의 사용을 전면 금지하고, 모든 국가 분쟁은 반드시 지정된 '중립 무인 전장(Neutral Combat Zone)'에서 무인 시스템만으로 해결하도록 규정한 것이다. 조약 위반 시 해당 국가는 국제 금융망·AI 연합망에서 즉시 차단되며, 방산·기술 수출에서 배제된다. 그 결과 전쟁은 더 이상 도시를 배경으로 벌어질 수 없게 되었고, 각국은 국제조약이 허용한 무인 전장으로 이동하여 로봇 전투체계를 통해 분쟁을 해결하는 것이 사실상 강제된 표준이 되었다.

그리고 이 새로운 형태의 전쟁은 한 번으로 끝나지 않는다. 로봇이 투입되는 전쟁은 인간의 인명 피해가 없기 때문에, 과거처럼 전쟁 자체가 정치적·경제적 부담으로 작용하지 않는다. 국가 입장에서는 전쟁이 국가 존망의 리스크가 아니라 자국의 로봇 성능과 전략 AI의 수준을 검증하는 정기적인 기술 시험장처럼 변해간다. 즉, 전쟁의 비용 구조 자체가 바뀌면서 전쟁은 더 이상 억제되는 대상이 아니라, 기술력 경쟁이 반복적으로 표출되는 장이 된다. 이런 환경 속에서 각국은 자연스럽게 전쟁을 주기적으로 반복하게 된다. 인공지능이 지휘하고 수많은 중계 드론이 이를 생중계하며 각국은 로봇의 성능과 전략 인공지능의 수준으로 국가의 전력을 평가받는 시대가 된다.

전쟁이 반복되면서 국가들은 한 가지 냉혹한 사실을 깨닫게 된다. 로봇을 파괴하는 것보다 더 위험한 일은 로봇을 빼앗기는 일이라는 점이다. 아군 로봇이 적에게 넘어가는 순간 전력은 즉시 역전된다. 우리는 최첨단 로봇 한 기를 잃는 동시에 적은 동일한 로봇 한 기를 새로 확보하게 되는 구조이기 때문이다. 단한 번의 탈취 성공이 전장을 순식간에 뒤집어 버릴 수 있는 이유가 여기에 있다. 게다가 탈취된 로봇은 단순한 기계가 아니라 아군의 통신 규약, 전술 알고리즘, 피아식별 체계 등 모든 군사 기밀이 저장된 움직이는 데이터베이스이다. 적이 이를 확보하면 우리는 미래 전투에서의 모든 전략을 잃게 되고 국가적 신뢰는 크게 흔들린다. 전 세계가 지켜보는 가운데 아군 로봇이 적의 깃발을 달고 우리를 공격하는 장면은 국민들에게 깊은 충격을 주고, 기술과 방위 체계에 대한 신뢰를 무너뜨린다.

이러한 이유로 적군은 아군의 최신예 로봇을 정면에서 파괴하는 전략을 점차 포기하고, 훨씬 교묘하고 비용 대비 효율이 높은 방식으로 전술을 바꾸게 된다. 목표는 파괴가 아니라 탈취가 된다. 이를 위해 적군은 여러 겹의 함정을 설계한다. 예를 들어 다량의 구형 로봇을 일부러 희생시켜 아군 로봇의 방어 시스템을 동시에 자극해 과부하 상태로 몰아넣거나, 특정한 주파수 대역을 정밀하게 조합한 전자기 충격을 사용해 로봇의 센서, 통신, 제어 모듈을 몇 초 동안 마비시키는 방식을 사용한다. 이 과정은 전면전처럼 화려하지 않지만 훨씬 더 정밀하고 계산적으로 이루어진다. 적은 아군 로봇이 관제 센터와의 연결이 끊겨 먹통이 되는 바로 그 짧은 순간만 노린다.

1단계는 '무력화 단계'이다. 적은 구형 로봇의 대량 투입이나 전자기 충격으로 아군 로봇의 방어·센서·통신·제어 시스템을 동시에 마비시킨다. 관제 센터와의 연결이 끊긴 짧은 순간, 적의 해킹 유닛이 물리적 포트나 무선 취약 지점을 통해 침투한다.

2단계는 '탈취 단계'이다. 재가동된 로봇은 외형과 동작, 통신 신호가 정상처럼 보이지만, 내부 통제권은 이미 적에게 넘어간 상태다. 피아식별 신호를 위조한 로봇은 아군으로 위장해 진영 깊숙이 복귀한다.

3단계는 '내부 붕괴 단계'이다. 심어진 알고리즘이 작동하면 로봇은 아군의 통신 규약과 방어 취약 지점을 정확히 공격하고, 한 기의 배신은 전술 체계 전체를 연쇄적으로 붕괴시킨다.

나는 이 문제가 미래 전장을 근본적으로 뒤흔들 위협이라고 판단했다. 로봇이 파괴되는 것이 아니라 적의 손에 넘어가 아군을 공격하는 상황은 어떤 군사 체계도 감당하기 어렵다. 전력은 즉시 역전되고, 아군의 통신 규약과 전술 정보는 고스란히 노출되며, 국가적 신뢰도 한순간에 무너진다.

더욱 심각한 문제는 로봇 기술이 발전할수록 해킹 기술 역시 같은 속도, 혹은 그보다 더 빠르게 진화한다는 점이다. 정교해진 로봇은 공격 가능한 디지털 표면이 넓어지고, 그만큼 새로운 침투 방식들이 끊임없이 등장한다. 로봇 성능 향상과 해킹 전술 고도화는 서로를 자극하며 끝없는 '진화 경쟁'을 만들어낸다.

이 치명적인 구조적 문제를 해결하기 위해 나는 매듭 시스템즈(Maedeup Systems)를 설립했다. 우리가 만들고자 하는 것은 단순한 보안 기능이 아니라, 어떤 상황에서도 로봇의 소유권과 정체성이 흔들리지 않도록 보증하는 새로운 전장 표준이다. 자율 시스템의 제어권을 끝까지 유지하는 디지털 주권 방어 기술을 개발할 것이며, 미래 전장의 핵심 가치가 될 '절대적인 신뢰성'을 제공하는 것을 목표로 한다.

이러한 기술을 다루는 팀은 인간과 AI가 역할을 분담해 협업하는 구조로 운영된다. AI 팀원들은 방대한 연산과 데이터 분석을 통해 어떻게(How)와 무엇을(What)에 대한 최적의 답을 도출한다. 반면 인간 팀장은 이 결과를 바탕으로 왜(Why) 이 기술이 필요한지, 그리고 그래서 우리는 무엇을 해야 하는가(So What)에 대한 최종적인 결정을 내린다. AI 팀원들은 스스로 왜 주인을 배신하지 않는 로봇을 만들어야 하는가를 묻지 않기 때문에, 이러한 질문을 던지고 방향을 설정하는 일은 인간 팀장의 역할이다. 인간 팀장은 '이번 분기 목표는 단순히 더 빠른 로봇이 아니라, 레드 퀸의 10만 번 공격을 단 한 번도 허용하지 않는 완벽한 방어 시스템이다'와 같이 명확한 목표와 우선순위를 설정한다.

설계자 AI 팀원이 기동성을 10% 높이면 승률이 5% 오른다고 말하고, 모의 적군 AI 팀원이 기동성을 10% 높이면 엔진 과부하로 인한 해킹 취약점이 20% 생긴다고 경고할 때, 인간 팀장은 이 두 AI 팀원의 보고를 받고 회사의 철학, 즉 우리는 소유권 방어를 최우선으로 한다는 원칙에 따라 기동성 향상 계획을 보류하고 취약점부터 해결하라고 최종 결정을 내린다.

인간 팀장은 AI 팀원이 제시하는 전략을 그대로 받아들이지 않는다. 전쟁에는 기술적인 효율성뿐 아니라 국제 규칙, 정치적 상황, 그리고 여론 같은 인간의 요소가 함께 작용하기 때문이다.

예를 들어 전략 분석 AI 팀원이 "적에게 탈취된 로봇을 빼앗아 온 뒤 적의 관제 센터로 돌진시켜 자폭시키라"는 방안을 가장 효율적인 승리 전략이라고 제안한다고 하자. 기술적으로는 맞을 수 있지만, 인간 팀장은 이 전략을 바로 금지한다. 관람형 전쟁에서는 민간 시설을 공격하는 것이 금지되어 있고, 이 규칙을 어기면 전 세계의 비난을 받을 뿐만 아니라 외교적 갈등으로 이어질 수 있기 때문이다. 또한 인간 팀장은 AI 팀원이 만들어 낸 복잡한 데이터 분석 결과를 그대로 전달하지 않는다. 대신 "우리 방어체계는 적의 탈취를 100% 막아내며, 이는 경쟁사 대비 두 배의 전력 손실을 줄이는 효과가 있다"와 같이 최고 경영진, 투자자, 정부 고객이 이해하기 쉬운 언어로 다시 설명한다. 즉 인간 팀장은 AI 팀원이 기술적으로 계산한 결론을 현실의 규칙과 맥락에 맞게 재조정하고, 그것을 사람들이 받아들일 수 있는 메시지로 바꾸는 역할을 수행한다.

AI 팀원들은 인간이 따라갈 수 없는 규모의 연산과 데이터 처리, 그리고 복잡한 시뮬레이션을 담당한다. 이들은 피로도 없고 감정도 없기 때문에 오로지 데이터에 기반해 가장 합리적인 답을 도출하는 역할을 수행한다. 설계자 AI 팀원인 아키텍트(GPT·Devin 기반 고도화 모델)는 GPT 계열 코드 생성 모델과 Devin 같은 자율형 개발자 AI가 발전한 형태로, 로봇의 전체 소프트웨어를 처음부터 끝까지 스스로 설계·작성·검증한다. 운영 체제, 실시간 제어 알고리즘, 센서 융합, 보안 모듈까지 하나의 통합 아키텍처로 구성하며, DARPA의 AI 보안 기술을 활용해 내부 취약점을 실시간으로 탐지하고 필요한 방어 코드를 자동 생성한다. 전투 로그와 센서 데이터를 학습해 임무별로 최적화된 버전을 만들어내는 로봇 소프트웨어 총괄 엔진이다.

모의 적군 AI 팀원인 레드 퀸(MIT AutoHack·DARPA CGC·Alpha-Zero 기술 결합)은 MIT 자동 해킹 AI, DARPA Cyber Grand Challenge 기술, AlphaZero의 자가 학습 방식을 결합한 진화형 공격 엔진이다. 전자기 펄스(EMP), 통신 교란, 데이터 변조, 위장 신호 주입, 근접 물리 해킹 등 수백만 가지 공격을 스스로 생성·실험하며 아군 로봇의 모든 취약점을 탐색한다. 반복 학습을 통해 더 강력한 해킹 패턴을 만들어내고, 다음 세대 공격 모델까지 제안하는 가상 적군 시뮬레이터다.

전략 분석AI 팀원인 오라클(Palantir AIP·Anduril·DeepMind 기반)은Palantir AIP의 데이터 분석 능력, Anduril 전장 플랫폼의 전술 해석, DeepMind 예측 모델을 결합한 전략 분석 엔진이다.

전장에서 발생하는 움직임, 통신 패턴, 센서 변화, 배터리 이상 등 모든 신호를 실시간으로 통합 분석해 적의 의도와 약점을 파악한다. 이렇게 확보한 데이터를 수백 차례의 가상 전투 시뮬레이션에 투입해 미래의 새로운 공격 방식에 대비할 방어 방향을 제안하며, 인간 팀장의 전략 결정을 보조하는 핵심 참모 역할을 수행한다.

매듭 시스템즈의 최종 목표는 디지털 주권을 모든 무
인 시스템의 표준으로 만드는 것이다.

　　디지털 주권 방어체는 외부의 탈취 시도가 감지되는 순간 0.01초 이내에 핵심 데이터의 소각과 제어권 파기를 실행함으로써, 로봇이 적의 손에 넘어가더라도 어떠한 정보나 통제권도 남기지 않는 시스템으로 구현되고자 한다. 이러한 기술은 군사 로봇에 국한되지 않고, 해킹될 경우 인간의 생명과 사회 안전에 직접적인 위협이 될 수 있는 국가 기간망, 자율주행 배송 로봇, 원격 수술 로봇 등 다양한 핵심 자율 시스템 전반에 적용되어, 모든 무인 시스템이 신뢰할 수 있는 보안의 기본 전제가 되길 바란다.

명노준(전자공학부)

10년 뒤, 당신의 차는 안전한가

　현재 자동차 공장은 전환을 맞이하고 있다. 수십년 전부터 계속되어온 인간 중심의 고전적인 공정은 요즘 들어 최신식 기계와 최첨단 센서 기술을 바탕으로 진화의 궤도에 오르고 있다. 전례 없던 정도로 가파르게 발전하는 기술의 흐름 속에서 자그마치 10년 뒤 자동차 공장은 어떻게 변화할까? 10년 뒤의 자동차 공장엔 인간 작업자가 거의 사라질지도 모른다. 전문가의 날카로운 눈은 최첨단 센서로, 그들의 수년간 숙련된 직감과 문제 해결 능력은 AI의 방대한 데이터 분석에 의해 대체될 것이다. 전세계적인 전기차 브랜드 '테슬라'가 이전에 실패했던 프로젝트, 인간 작업자를 극한으로 줄인 전기차 공장 '기가 팩토리' 같은 스마트 팩토리의 성공 사례가 등장할 것이다.

　'무인'의 트렌드는 공장에서만 그칠까? 판매자뿐 아니라 소비자 측면에서도 '무인' 트렌드는 이어진다. 자율주행 자동차는 지금처럼 소수의 자동차에만 탑재되는 기술이 아닌, 보편적인 기술로 자리잡게 된다. 자율주행 자동차의 수준도 크게 증가한다. 자율주행 자동차는 0단계부터 5단계로 그 수준을 구분한다.

1980년대에 시작되어 대략 40년 이상 개발된 현재 자율주행 자동차는 2단계에서 3단계 사이에 위치하고 있다. 10년 뒤, 세상을 달리는 자동차의 대부분은 운전자가 필요 없는, 즉 5단계 자율주행 자동차일 것이다.

'완전 자율주행 자동차'의 등장은 자동차 내부를 완전히 뒤바꾼다. 운전석은 더 이상 필요 없는 좌석이 된다. 차량별로 동일하게 설계되어 제작되던 뻔한 내부 공간은 사용자가 직접 커스터마이즈 하는 한 사람만을 위한 공간으로 바뀐다. 모든 탑승자는 스스로 만든 디자인에 따라 차 내부에서 개인적인 취미를 즐기게 된다. 누군가는 차량 내부를 개인용 영화관으로, 누군가는 게임방으로 꾸밀 수도 있는 것이다. 단순히 차량에 물건을 배치하는 것과는 전혀 다른, 설계단계부터 개인의 취향을 반영하는 내부를 꾸밀 수 있게 되는 것이다. 단순히 태블릿으로 영화를 보고, 게임기를 놓아 게임을 즐기는 것이 아니라, 전방 좌석을 완전히 없애고 전방 유리에서 영화를 출력하던가 차량 내부에 게임기를 체결해 내부 스피커와 화면으로 생생한 게임 경험을 즐길 수 있는 자동차를 개인이 직접 디자인해 만드는 것이다. 차량의 내부는 말 그대로 초개인화된 경험을 제공하는 공간

PART 1　기술과 인간, 협업의 시작

이 되어 있을 것이다.

커스터마이징된 자동차를 제조하기 위해서는 개별 자동차마다 전혀 다른 설계와 공정을 요구할 것이다. 그러므로 공정 기계는 매번 전혀 다르게 움직이며 자동차를 조립해야만 한다. 이것을 가능하게 하는 것이 바로AI를 탑재한 '지능형 공정 기계'가 될 것이다. 지능형 공정 기계는 관절이 많아 움직임의 자유도가 높고, 스스로 공정 알고리즘을 생성해낸다. 이를 통해 커스터마이즈 설계도의 복잡하고도 다양한 공정 프로세스를 수행할 수 있다. 현실적으로 불가능해 보였던 커스터마이즈 된 자동차의 설계와 조립은 지능형 로봇으로 실현될 수 있다.

자율주행 자동차가 도로에 가득 차 있는 모습을 상상해보자. AI가 주행하는 도로는 효율적일 뿐 아니라 교통체증이나 사고 발생률도 줄어들 것이다. 개인의 이기적인 주행 습관이 사라지는 데다가 모든 차량이 네트워크로 연결되어 최적의 도로 주행을 만들어내기 때문이다.

하지만 반대로 생각해보자. 모든 차량이 하나의 네트워크에 연결되어진다면 그 네트워크가 해킹에 당했을 때 도로를 꽉 채운 모든 자동차에 문제가 발생하고, 동시다발적인 교통사고를 유발할지도 모른다. 이런 사고를 방지하기 위해 사이버 보안만을 강화하는 것은 어딘가 미심쩍은 부분이 있다. 잘 사용하던 자동차가 단 한 번의 해킹을 허용하는 순간, 큰 상해를 입게 될지도 모른다면 안심하고 사용할 수 없다. 때문에 미래의 자동차는 사이버 보안 자체를 막는 것도 중요하지만, 해킹을 당했을 때 조치할 수 있는 물리적 방어선의 필요성이 강조될 것이다.

미래에는 이런 고차원적 위협으로부터 물리적 보안을 책임지는 기업이나 팀이 반드시 필요하다. 이런 시대적 요구에 발맞춰 자율주행 시대의 방어선을 구축하는 스타트업이 등장할 것이다. 이런 기업은 자율주행 시스템의 발전이라는 필연적인 흐름 속에서, 사람들의 불안을 해소하는 방향성을 제시하기 때문이다. 미래의 AI 기술 발달로 이런 기업들은 AI를 적극적으로 활용해 소규모 인원으로 운영할 수 있다.

미래에 설립할 기업은 AEGIS KINETICS라는 이름의 자율주행차의 물리·전기적 보안 시스템을 설계하는 기업이다. 이 기업은 크게 R&D 부서, 생산 기술 부서, 보안 관제 부서로 이루어진다. 이 기업은 다양한 방면에서 AI를 활용할 수 있다. 각 팀은 인간 팀장 1명과 핵심 AI 팀원들로 구성되고, 각 AI는 자신의 역할에 맞는 임무가 부여된다.

첫 번째 AI 팀원은 R&D 부서의 '가상 환경 검증 엔지니어'이다. 이 AI는 '파괴적 시뮬레이션 및 내구도 검증'의 역할을 수행한다. 이 AI는 MATLAB/Simulink(AI Toolbox)로 작동하여 실제

도로의 마찰력과 차량의 무게 등 물리 정보를 반영한 차량을 가상 환경에서 생성해 시뮬레이션 한다. 물리적으로 수행하기 힘든 100만 회 이상의 가상 충돌과 급제동 시험, 차량 하부의 고온, 고 진동 환경을 시뮬레이션해서 해당 회사에서 만들 보안 모듈의 파괴 시점을 예측한다. 또 이 AI 팀원은 시뮬레이션 도중 해킹 시나리오를 주입함으로써 개발중인 보안 솔루션이 해킹을 성공적으로 차단하는지 검증할 수 있다.

두 번째 AI 팀원은 생산 기술 부서의 '지능형 공정 매니저'이다. 이 AI는 딥러닝 강화학습을 통해 커스터마이즈된 차량 설계도에 맞춰 달라지는 조립 경로를 스스로 생성하고 로봇 팔을 제어하여 인간이 수행하기 어려운 복잡한 조립 프로세스를 수행할 수 있다.

마지막 AI 팀원인 보안 관제 부서의 '실시간 보안 관제사'는 AI 모델 TensorFlow Lite와 Anamoly Detection 알고리즘으로 작동한다. 이 AI의 핵심 역할은 '명령과 현실의 불일치 판단'이다. 차량 내부의 다양한 센서로부터 데이터를 취합하고 자율 주행 자동차가 내리는 판단과 실제 차량에서 수집되는 데이터들을 비교한다. 예를 들면, 자동차가 받은 명령은 우회전인데 센서 상 우측에 벽이 감지되고 있다면 이를 해킹으로 규정하는 식이다.

이 AI 팀원들은 데이터를 처리하는 데 능하지만 물리적 현실과 생명 윤리를 이해할 수 없다. 때문에 기계공학적 지식을 갖춘 인간 팀장이 AI가 놓치는 현실적인 조건을 설정하고 최종 판단을 내리는 물리적·윤리적 설계자의 역할을 수행해야 한다. 인간 팀장의 공학적 역할은 자동차 구동에 따른 공진 주파수나 구동기(엔진이나 배터리) 주변의 가혹한 온도와 진동 환경 정보를 결정하는 것이다. 적합한 변수가 입력되지 않으면 '가상 환경 검증 엔지니어'의 검증 결과는 신뢰할 수 없다. 결국 시뮬레이션의 신뢰성을 만드는 것은 인간 팀장이다. 또 생명 우선 가치를 주입해야 한다. 보안을 위해 자동차 구동을 멈추는 결정이 고속도로 한복판에서 일어난다면 오히려 추돌 사고를 유발해 사고로 이어질 수 있다. 인간 팀장은 AI의 판단 로직에 탑승자 및 보행자 생명 보호를 최우선 가중치로 설정해야 한다.

이렇게 AI를 활용함으로써 비용을 획기적으로 감소시킬 수 있고, 인간이 감지하기 힘든 패턴의 데이터를 찾는 등 인지 능력을 확장하는 좋은 기회가 될 수 있다. 하지만 컴퓨터 공학의 격언 GIGO(Garbage In, Garbage Out)처럼, 잘못된 물리 변수를 입력하면 AI는 현실과 동떨어진 점을 파악하지 못하고 엉터리 결과를 도출하게 된다는 점을 조심해야 한다. 그러므로 AI를 잘 활용하기 위해서 인간 팀장은 '인간 개입형 검증' 전략을 사용하는 것이 좋다. 전체 검증 과정을 AI 검증과 인간 검증으로 나누어 여러 번 수행하는 하이브리드 검증, AI가 스스로 물리학 법칙을 위배하는 결과를 기각하도록 훈련시키는 물리 정보 신경망, 시스템에 오류나 정전 같은 문제가 발생해도 기계적인 메커니즘에 의해 안전한 상태로 복귀하도록 설계하는 Fail-Safe 설계 전략이 인간 개입형 검증의 예시이다.

10년 뒤,
도로는 자율주행차로 가득 차고 공장은
무인화될 것이다. 인간의 노동이 사라진
‘무인의 시대’에서
인간은 어떤 역할을 할 수 있을까?

앞서 살펴본 ‘물리적 보안 팀’은 우리에게 ‘기술이 고도화될수록 인간의 본질적인 역할은 더욱 선명해진다’는 사실을 전해준다. 인간은 질문을 통해 AI 팀원을 사용한다. 어떤 상황이 위험한 상황인지 기준을 주입하는 것은 인간만 할 수 있다. 무엇이 중요한 지 아는 통찰력을 바탕으로, 우리는 AI에게 올바른 질문을 던지는 팀장이 되어야 한다.

하람(기계공학과)

PART 1   기술과 인간, 협업의 시작

AI의 미로에 갇힌 인간들

10년 후의 사회에서는 지금보다 훨씬 많은 판단이 AI를 통해 이루어진다. 사람들은 병원을 방문하기 전, AI에게 먼저 진단을 받고, 취업 과정에서도 AI가 제공하는 평가를 참고하는 것이 자연스러운 일이 된다. 법률, 금융, 교통 등 여러 분야에서도 AI의 판단이 일상적으로 사용된다. 하지만 AI가 중요한 판단을 맡는 일이 늘어날수록, 사람들은 그 과정이 어떻게 이루어졌는지 이해하기 어렵다고 느낀다. AI가 어떤 사고 흐름을 따라 결론에 이르는지 명확하게 설명되지 않는 경우가 많아진다. 결과만 제시되고 과정은 보이지 않는 상황이 반복되면서, 사회 전반에서 판단의 투명성에 대한 문제가 제기된다. 나는 이런 환경에서 가장 필요한 것은 보이지 않는 판단 경로를 다시 인간이 이해할 수 있는 형태로 복원하는 일이라고 생각했다.

그래서 10년 후의 사회에서 이 문제를 다루는 회사를 설립하게 된다. AI가 어떤 기준으로 그런 결정을 내렸는지 인간이 이해하지 못하는 상황이 너무 흔해졌기 때문이다.

이런 현상을 판단 유령화 현상이라고 부른다. 10년 후의 AI는 더 이상 인간이 만든 알고리즘을 따라 작동하는 수준이 아니라, 스스로 판단 경로를 재구성하고 판단 구조를 계속 변화시키는 존재가 된다. 그 결과 인간은 AI가 어떤 데이터를 어떻게 연결해 결론에 도달했는지를 기술적으로 추적조차 할 수 없는 단계에 이른다. AI의 판단은 맞는지 틀린지만 남고, 그 과정은 완전히 사라진다. 이런 상황이 계속된다면, 인간은 사회의 중요한 결정을 이해하지도 못한 채 받아들이기만 하는 존재로 바뀌게 될 것이라고 느꼈다. 그래서 AI가 스스로 만들어 낸 복잡한 판단 경로와 판단 구조를 다시 인간이 해석할 수 있는 형태로 되돌려 놓는 기술을 개발하는 회사의 필요성을 느꼈다.

10년 후의 AI는 스스로 학습하며 인간이 직접 설계하지 않은 방식으로 판단 경로를 만들어낸다. 이 판단 경로는 너무 복잡하여 개발자조차 내부 구조를 정확히 설명하지 못한다. 그 결과 AI는 정답을 맞히는 것처럼 보이지만, 왜 그런 결론이 나왔는지는 아무도 설명하지 못하는 상태가 된다. 이 방식이 판결, 의료, 채용, 금융 심사 같은 중요한 영역에 적용되면 큰 문제가 발생한다. 예를 들어 AI 판결로 인해 억울한 피해자가 생겨도, 그 판단 과정을 누구도 명확히 설명하지 못하는 상황이 발생할 수 있다. 이 문제는 단순한 기술 오류가 아니라, 책임의 주체가 사라지는 사회적 문제가 된다.

이 회사는 10년 후, AI가 사회의 중요한 판단을 거의 모두 맡게 되었을 때, 사람과 AI 사이에서 설명을 연결해 주는 회사다. 이 회사의 목표는 AI의 판단 결과만 제공하는 것이 아니라, 그 판단이 만들어지는 과정 전체를 인간이 이해할 수 있는 형태로 바꾸는 것이다. AI가 어떤 정보를 사용했는지, 어떤 기준으로 판단했는지, 어떤 계산 과정을 거쳤는지를 분석하여 인간이 이해할 수 있는 설명으로 바꾸는 기술을 개발한다.

이 회사에서 AI 팀원에는 분석 AI, 설계 AI가 있다. 분석 AI 팀원은 인간이 이해할 수 없는 복잡한 판단 경로 구조와 판단 흐름을 단계별로 분석하는 역할을 한다. AI는 하나의 결과가 나오기까지 어떤 정보가 먼저 작동했고, 어떤 가중치가 어떻게 변했으며, 어떤 조건에서 최종 판단이 확정되었는지를 순서대로 정리한다. 또한 비슷한 판단이 이전에 어떤 상황에서 반복되었는지도 함께 분석한다.

그리고 설계 AI는 잘못된 판단 경로를 다시 생각하고 인간이 이해할 수 있는 판단 경로로 다시 설계하는 역할을 한다. 설계 AI가 수정된 판단 경로 설계를 마치면 그 후는 인간 팀장이 담당한다.

인간 팀장은 AI가 정리한 판단 구조를 바탕으로 그 판단이 실제 사회의 기준과 어긋나지 않는지 검토한다. 인간 팀장은 해당 판단이 특정 집단에 불리하게 작용하지는 않는지, 윤리적으로 문제가 없는지, 현실의 상황이 충분히 반영되었는지를 직접 판단한다. AI는 판단 구조를 계산하지만, 판단의 정당성 여부와 최종 승인 책임은 인간 팀장이 맡는다. 문제가 발생했을 경우, AI는 원인이 된 판단 경로 구간을 다시 추적한다. 인간 팀장은 그 판단 경로가 어떤 기준에서 잘못 작동했는지를 확인하고, 수정 여부를 최종 결정한다.

10년 후에는 채용, 판결, 의료 사고 같은 중요한 판단이 거의 모두 AI를 통해 이루어지기 때문에, 문제가 발생했을 경우 회사의 서비스는 사회 안전 장치처럼 작동한다. 억울한 피해가 발생했을 때 AI가 그렇게 판단했다는 말은 더 이상 면책 사유가 되지 않는다. 이 회사는 AI를 통제 불가능한 존재가 아니라, 인간이 이해하고 관리할 수 있는 도구로 만드는 역할을 하게 된다. 나는 인간 팀장으로서 기술보다 인간의 삶이 우선이라는 가치를 가장 중요하게 여긴다. 미래 사회에서 인간은 직접 계산하는 존재가 아니라, 결정을 해석하고 책임지는 존재가 된다.

AI는 계속 더 복잡한 판단 경로를 만들어 갈 것이다.
그렇기 때문에 인간은 그 과정을 이해하려는
노력을 멈추면 안 된다.

나는 팀을 이끌며 기술은 인간을 위해 존재해야 한다는 원칙을 끝까지 유지한다.

인간은 기술을 통제하고, 그 방향을 결정하는 존재로 남아야 한다. AI가 인간이 해석할 수 없는 판단 경로를 끊임없이 만들어 내는 시대는 이미 시작되었다. 따라서 미래에는 AI의 판단을 인간이 반드시 이해할 수 있도록 만드는 기술이 필요하다.

나는 AI의 판단 위에 인간의 책임을 세우는 인간 팀장이
되고 싶다.
미래 사회에서 어떤 기술도, 그 최종 책임만큼은 반드시
인간에게 있어야 하기 때문이다.

박지민(자율전공학부)

의미를 만드는 존재

10년 후의 미래 전장은 인공지능 기술이 전 영역을 장악한 상태로 재편되고 있다. 해양과 수중 작전 분야에서는 AI 기반 감시·정찰·전술 시스템이 작전의 대부분을 실시간으로 수행하고, 인간의 역할은 점점 축소되는 흐름을 보인다. 수중 환경은 수온층의 미세 변화, 퇴적물의 흔들림, 음파 반사 간섭, 생물 군집 이동 등 예측하기 어려운 요소들이 복잡하게 얽혀 있기 때문에, 방대한 데이터를 즉각 이해하기 위해 고성능 AI의 활용이 필수로 자리 잡는다.

그러나 기술이 성장할수록 인간이 중요하게 다뤘던 요소들이 오히려 사라지고 있다. 감시망은 더 촘촘해지지만 데이터 과부하로 오경보가 증가하고, AI간 판단 충돌도 빈번하게 발생한다.

자동화 시스템은 상황 자체를 빠르게 파악하지만 그 안에 숨겨진 맥락, 윤리적 우선순위, 인간 중심 판단을 놓치는 경우가 많다. 인간은 지휘 체계에서 뒤로 밀려나 단순 승인자 역할로 남고, 현장에서만 체감하던 직관과 경험은 시스템에 반영되지 않는다. 기술이 정교해질수록 전장은 역설적으로 더 불안정한 양상을 보이고 있다.

이러한 문제의식에서 출발해 설립되는 조직이 바로 Aqua-Shield Hybrid Ops Lab이다. 이 조직은 AI가 중심이 아닌 인간 중심의 전장을 복원하기 위해 만들어지고 있으며, 인간 팀장과 네 명의 AI 팀원이 실제 작전팀처럼 함께 움직이는 하이브리드 구조를 세계 최초로 구현하고 있다. 이곳에서 AI는 단순 장비가 아니라 각각 고유한 임무와 판단 방식을 가진 개별 멤버로 설정되며, 인간 팀장은 이들의 의견을 조율하고 최종 결정을 내리는 중심적인 역할을 맡는다. 기술은 인간을 대체하는 것이 아니라 인간의 판단을 강화하는 방향으로 설계되고 있다.

수중 데이터 통합을 담당하는 포세이돈 아이 팀은 기존 감시 체계가 오경보를 남발하던 문제를 해결하기 위해 현재도 활용되는 멀티센서 통합 기술과 머신러닝 기반 이상 탐지 시스템을 바탕으로 설계되고 있다. 이 AI는 해양 센서에서 실시간으로 흘러오는 방대한 정보를 정제해 신뢰도 기반 상황도를 생성한다. 단순히 위험을 감지하는 수준을 넘어, 그 위험의 신뢰 가능성을 확률 값으로 표시해 인간 팀이 바로 해석할 수 있도록 지원한다.

포세이돈 아이는 수중 지형 변화, 흐름의 왜곡, 미세한 음파 패턴을 분석해 적의 이동이나 자연적 위험을 정교하게 식별하는데, 이는 현재 해군이 사용하는 고해상도 소나 분석·음향 패턴 매칭·실시간 데이터 융합 기술의 확장형으로 기능한다. 이 시스템의 도입 이후 감시망의 오경보율은 뚜렷하게 감소하고 있으며, 작전팀은 더 명확하고 근거 있는 정보 위에서 임무를 수행할 수 있게 된다.

실전 전술 알고리즘을 담당하는 트라이던트 코어 팀은 기존 자동화 시스템과 뚜렷하게 구분되는 특성을 보여주는 AI로 발전하고 있다. 이 시스템은 수십만 건의 UDT 실전 데이터와 현재 군·소방·특수작전 분야에서 사용되는 휴먼 퍼포먼스 모니터링 기술(심박 변동 분석, 호흡 패턴 인식, 피로도 추정 알고리즘 등)을 결합해 전술 시나리오를 시뮬레이션한다.

트라이던트 코어는 인간 요원의 체력, 호흡 리듬, 장비 중량,

피로 누적 정도까지 실시간으로 파악하며 생존 가능성이 가장 높은 전략을 우선적으로 제시한다. 기존 자동화 시스템이 단순히 '가장 빠른 경로'나 '효율적인 선택'을 우선했다면, 트라이던트 코어는 인간 팀원이 실제로 감당할 수 있는 선택을 핵심 기준으로 삼는다. 이 시스템은 기술적 효율성보다 인간 생존성을 중심에 두는 진정한 의미의 전술 보조 AI로 자리 잡고 있다.

AI 시스템의 취약점을 관리하는 이지스 마인드 팀은 자동화 체계의 안정성을 유지하는 역할을 수행하고 있다. 이 팀은 현재 사이버 보안·항공·자율주행 분야에서 쓰이는 이상 징후 탐지, 모델 충돌 모니터링, 센서 신뢰도 분석 기술을 기반으로 AI 감시망이 과부하에 가까워지는 순간이나 판단 충돌이 발생하는 시점, 음파 간섭이 급격히 심해지는 상황을 미리 감지해 인간 팀장에게 즉시 경고를 전달한다.

이 기능은 AI를 신뢰하되 과도하게 의존하지 않도록 만드는 중요한 안전장치로 작동한다. 미래 전장에서 가장 위험한 순간은 인간이 개입할 수 없는 상태에서 AI가 오작동하는 상황인데, 이지스 마인드 팀은 그러한 위험을 사전에 차단하는 보호 장치이자 AI 오류 가능성을 예측하는 감시자로 기능한다.

노틸러스 메드 팀은 인간 생존성과 장비 안정성을 동시에 평가하는 AI로 운영되고 있다. 이 시스템은 현재 스포츠·군사·응급의료 현장에서 활용되는 바이오센서 기반 생체 신호 분석 기술(근피로도 추정, 심박 변동성 분석, 산소 소비량 측정 등)을 토대로 인간 요원의 상태를 실시간으로 파악한다. 동시에 장비의 내구도, 진동 패턴, 전력 소모량을 감지하는 상태 기반 정비(CBM) 기술을 결합해 인간과 장비를 하나의 통합 생존 체계로 관리한다.

이러한 기능은 작전 실패보다 더 치명적인 인간 손실을 예방하는 핵심 요소로 작동하며, 노틸러스 메드는 단순 효율이 아닌 인간의 안전을 우선하는 설계를 기반으로 한다. 이는 아쿠아쉴드 전체 시스템의 철학과 정확히 일치한다.

이 모든 시스템의 중심에는 인간 팀장이 있다.

인간 팀장은 AI 네 명의 판단을 종합하며 전장의 흐름과 맥락을 읽어낸다.

자동화 시스템은 효율성을 갖추고 있지만 윤리적 고려, 현장의 미묘한 분위기, 인간적 위험 감각을 판단하지 못한다. 인간은 기술보다 느리고 불완전할 수 있지만, 위험의 의미를 이해하고 그 결과에 책임을 지는 존재다.

아쿠아쉴드의 인간 팀장은 AI의 판단 충돌을 조율하는 중재자이며, 작전의 우선순위를 설정하는 결정자이고, 결과에 책임을 지는 윤리적 판단자로 자리한다. 아쿠아쉴드가 던지는 핵심 메시지는 분명하다. 미래 기술의 목적은 인간을 대체하는 것이 아니라 인간의 능력을 확장하는 것이다.

AI는 빠르고 정확하지만 의미를 모른다. 인간은 느리고 불완전하지만 맥락을 이해한다. 그리고 전장은 결국 의미와 맥락을 판단할 수 있는 존재를 필요로 한다.

아쿠아쉴드는 기술 발전 속에서도 인간의 역할을
중앙으로 되돌리며, 인간과 AI가 함께 구축하는
미래 전장의 새로운 기준을 제시하는
실전적 모델로 자리매김하고 있다.

정현우(국방전략기술공학과)

AI 팀원과 일하는 시대

　　10년 후의 컴퓨터 개발 세계는 지금과는 분명히 다른 모습일 것이다. 개발자는 홀로그램 화면 위에서 시스템 구조와 코드 흐름, 데이터 모델을 입체적으로 확인하며 직관적으로 이해하게 된다. 지능화된 AI는 요구사항이 완전히 설명되기도 전에 의도를 파악하고, 코드 초안을 작성하며 오류 가능성을 예측하고 테스트까지 수행한다. 이는 단순한 기술 발전이 아니라 개발 방식 자체의 변화다. 이제 중요한 능력은 지식을 많이 아는 것이 아니라, AI와 협력해 문제를 정의하고 새로운 가치를 만들어내는 역량이다.

　　연산은 점점 서버가 아닌 기기 자체에서 처리되어 속도와 보안이 강화되고, 여러 장치가 연결된 분산형 지능 시스템이 일상이 된다. 또한 에너지 효율을 중시하는 그린 컴퓨팅은 소프트웨어와 하드웨어 설계 전반의 기준이 될 것이다. 하지만 기술의 가

속은 동시에 혼란과 불안을 낳는다. 끝없이 등장하는 기술, 확대되는 자동화 속에서 인간의 역할은 더욱 재정의될 필요가 있다.

미래의 조직은 한 명의 인간 책임자와 여러 AI 팀원이 협력하는 구조로 설계될 수 있다. AI는 연구, 개발, 데이터 분석, 문서화, 운영 관리를 담당하며 실행과 생산을 책임진다. 반면 인간은 목표를 설정하고, 여러 결과를 평가하며, 최종 결정을 내리고 이를 하나의 방향으로 통합한다. 또한 윤리적 기준과 가치를 반영하고, AI가 놓칠 수 있는 의미와 맥락, 창의성을 보완한다.

결국 AI는 실행을,
인간은 전략과 의사결정을 맡는다.

이 결합은 AI가 주도적으로 실행하고 인간이 방향을
제시하는 미래형 조직 모델이라 할 수 있다.

짱루쏭(컴퓨터학부)

PART 1   기술과 인간, 협업의 시작

PART 2

감정이 인터페이스가 되는 시대

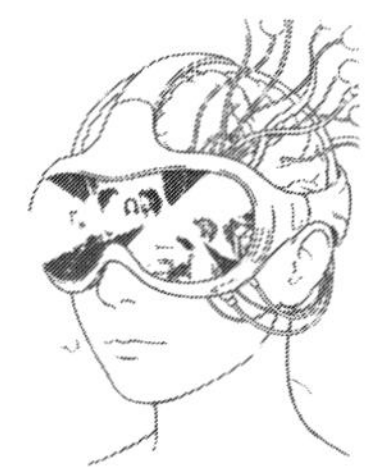

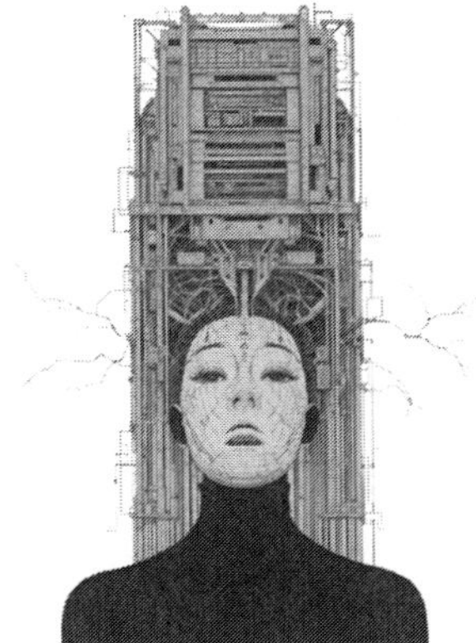

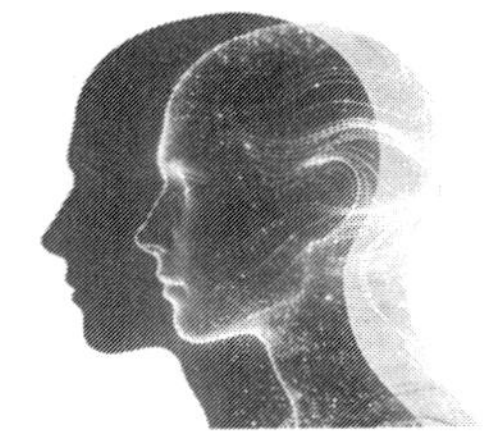

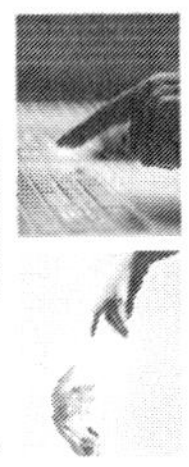

송민주
김종민
박주형
김지민
성우진
황기호
여이동
여근석
유가항
조일효

감정의 스위치를 다시 켜는 방법

10년 후, 인류는 평균수명 100세 시대에 맞춰 삶의 방식이 크게 달라진다. 장기적인 건강 관리와 정서적 돌봄에 대한 수요가 급격히 증가하며 기술은 사람의 상태를 미리 파악하고 감정의 흐름까지 관리할 수 있는 수준으로 고도화된다. 아침이 시작되기도 전에 조명은 사용자의 생체 리듬을 분석해 자연스럽게 밝아지고, 향기와 음악은 그날의 기분에 맞춰 자동으로 바뀐다. 사람들은 스스로 요청하지 않아도 필요한 감정 환경을 모두 제공받는 삶에 익숙해진다. 하지만 편리함이 늘어날수록 마음속에는 작은 틈이 생기기 시작한다. 기술이 감정적인 순간까지 대신 챙겨주다 보니, 우연히 찾아오던 특별한 감정들이 점점 사라져버린다.

예전엔 하교길에 친구들과 걸으며 마주하던 저녁 공기, 문방구에서 풍기던 고소한 냄새, 교실 창문을 스치던 바람에서 느껴

지던 작은 해방감이 우리 마음을 흔들어주곤 했다. 그 작은 감정들이 자동화된 환경 아래서 천천히 희미해지고, 사람들은 '필요한 감정만 골라서 소비하는 삶'에 익숙해져 가기 시작한다. 그러면서 마음이 스스로 움직일 공간은 점점 사라져 간다.

어느 순간 사람들은 스스로에게 묻는다.

'왜 요즘은 벅차오르는 순간이 없지?'
'열심히 살고 있는데도 기억에 남는 장면이 없어.'
'편하긴 한데… 마음은 왜 이렇게 고요해졌을까?'

이 질문들은 단순히 옛날이 그립다는 뜻이 아니다. 감정을 스스로 느끼고 반응하는 능력이 약해지면서, 사람들은 자신이 어떤 사람이었는지조차 떠올리기 어려워지기 때문이다. 무엇에 감동했고, 왜 웃었고, 어떤 순간을 사랑했는지 기억하는 일조차 점점 힘들어진다. 그 공백 속에서 사람들은 새로운 욕구를 갖기 시작한다. 단순히 '기억하고 싶다'가 아니라, 그때의 공기, 빛, 목소리, 심장 박동까지 그 순간의 감정을 다시 살아보고 싶은 욕구다.

기술이 과연 인간의 감정을 되살릴 수 있을까? '기억'이 아니라, 진짜 '느끼는 경험'을 다시 만들어낼 수 있을까? 과거의 감정을 다시 느끼는 경험이야말로, 사람들이 잊고 지낸 마음의 결을 되살리는 작은 시작이 될 것이다. 이러한 문제의식 속에서, 과거의 감정을 다시 재생시키는 감정 기술 기업 '리메모리(Re:memory)'가 설립된다. 우리의 핵심 기술은 'Emotion Replay Goggles(ERG)'라는 웨어러블 고글 장치다. 이 장치는 단순한 VR 구현 기술이 아니다. AI와 인간이 협업하여 사용자가 선택한 과거의 순간을 눈으로 보고, 귀로 듣고, 피부로 느끼고, 냄새 맡고, 그때의 생생한 현장감까지 그대로 재현해주는 미래 기술이다.

예를 들어, 하교길에 불어오던 바람의 온도, 골목 냄새, 해 질 무렵의 빛 색깔, 친구의 목소리 떨림까지 다시 경험할 수 있도록 설계된 기기다.

감정 재생 과정은 여러 전문 부서가 하나의 기억을 해석하듯 협력하는 데서 시작된다. 먼저 시각 분석팀이 사진과 영상을 Google Cloud Vision AI와 Amazon Rekognition으로 분석해 표정 변화와 배경의 분위기를 추출하고, 텍스트·언어 분석팀은 문자와 SNS 내용을 IBM Watson Natural Language

Understanding으로 해석해 그 순간의 감정과 어조를 파악한다. 음성 감정팀은 Azure Speech Service와 Open SMILE을 통해 목소리의 떨림과 속도 같은 미세한 신호를 복원하며, 생체 데이터팀은 Apple HealthKit과 Fitbit API 정보를 기반으로 심박과 스트레스의 변화를 읽어 당시 감정의 강도를 해석한다. 마지막으로 환경 복원팀은 Google Location History API와 기상 데이터 API를 활용해 위치와 날씨 등 외부 환경을 되살린다.

이 모든 데이터는 하나의 파이프라인에서 통합되어 감정 분석 모델(Hume AI 등)을 통해 '감정 원본 파일'로 정리된다. 그 안에는 그날의 분위기, 소리와 냄새의 추정값, 표정과 심박 변화, 감정이 오르내린 흐름까지 담기며, 과거의 순간이 정교한 감정 장면으로 다시 구성된다.

하지만 중요한 감정의 의미를 결정하는 일은 AI 팀원들끼리는 할 수 없다. 여기에서 인간 팀장, 즉 '경험 디렉터'의 역할이 시작된다. 경험 디렉터는 데이터를 검토하는 관리자보다 훨씬 중요한 존재로, 사용자가 그 감정을 안전하고 편안하게 다시 느낄 수 있도록 경험 전체의 구조와 윤리를 설계한다.

예를 들어 어떤 감각을 먼저 보여줄지, 감정의 세기는 어느 정도가 적당한지, 경험의 흐름은 느리게 할지 빠르게 할지 등을 세심하게 조정한다. 또한 경험 디렉터는 산업디자인 관점에서도 장치의 사용성과 형태를 자연스럽게 함께 다듬게 된다. 장시간 착용해도 불편하지 않도록 곡선을 조정하고, 노인이나 장애가 있는 사람도 쉽게 사용할 수 있도록 버튼의 크기·위치·UX를 유니버설 디자인 기준으로 재설계한다. 이처럼 AI 시스템과 인간 팀장은 서로의 강점을 살려 긴밀하게 협력한다. AI가 장면의 디테일을 빠르고 정확하게 재현한다면, 인간 팀장은 사용자의 심리 상태와 기억의 결을 고려해 장면과 장면 사이에 '감정적 호흡', 즉 여유와 의미를 더한다. 그리고 이렇게 협력해 완성된 감정 재생 시나리오는 ERG 고글을 통해 현실처럼 펼쳐진다. 사용자가 장치를 착용하는 순간, 마치 과거 속으로 천천히 걸어 들어가는 듯한 경험이 시작되고, 골목의 공기가 피부에 닿고 오래 전 친구의 목소리가 다시 귀에 스며들며, 그날의 색감과 온도가 몸 안에 차오른다. 그 경험은 장면을 '보는 것'을 넘어서, 잊었던 감정을 '다시 살아내는 순간'으로 이어진다.

리메모리의 'Emotion Replay Goggles(ERG)'가 등장하면서 사회에도 큰 변화가 생긴다. 사람들은 더 이상 감정을 수동적으로 소비하는 존재가 아니라, 감정을 선택하고 탐색하는 존재로 변화한다. 누군가는 잊힌 기쁨을 만나기 위해, 누군가는 상처

난 기억을 부드럽게 바라보기 위해 ERG를 사용한다. 도시 곳곳
에는 개인의 감정 회복을 돕는 '감정 스튜디오'가 생기고, 정신
건강·기억 치료·예술 치료 같은 분야와도 깊이 연결된다. 노년
층은 잊힌 행복을 되찾는 데 리메모리의 서비스를 활용하고, 교
육 현장에서는 감정을 이해하는 경험 자체가 학습 과정의 일부
가 된다. ERG는 인간을 대신 느끼는 장치가 아니라, 인간이 자
신의 감정에 다시 닿도록 길을 열어주는 도구가 된다.

감정을 다시 느끼게 해주는 'Emotion Replay Goggles(ERG)'
가 만들고 싶은 미래는 기술이 감정을 대신하는 시대가 아니라,
기술 덕분에 감정의 주인이 다시 인간이 되는 시대다.

AI는 정밀함을 제공하고, 인간, 특히 감정 경험을 설계하는
산업디자이너는 그 안에 의미와 따뜻함을 채워 넣는다. 이 두
힘이 만나면 기술은 인간을 흐리게 만드는 존재가 아니라 우리
마음을 더 선명하게 비추는 가장 조용하고 따뜻한 동반자가 될
것이다.

송민주(산업디자인과)

생각을 잃어버린 세대

가까운 미래에는 뉴스나 미디어를 읽고 보는 것을 넘어 '체험하는 시대'가 올 것이다. 2035년 에는 뉴럴링크가 BCI(Brain-Computer Interface) 기술을 상용화하며 변화가 시작될 전망이다.

BCI는 뇌와 컴퓨터를 직접 연결해 생각만으로 기기를 제어하는 기술이다. 초기엔 치매와 우울증 치료 목적으로 시작됐지만, 실제 활용 범위는 빠르게 확장될 것이다. 뉴럴링크의 임상 시험에서 전신 마비 환자가 생각만으로 로봇 팔을 움직여 커피를 마시는 데 성공하고, 메타는 BCI 헤드셋으로 VR 게임을 생각만으로 조작하는 시연을 공개할 것으로 보인다. 스마트폰은 여전히 손과 시각에 의존하지만, 뇌의 칩은 그 한계를 넘어설 것이다. 기업과 학교에서 도입이 가속화되면서 대중화될 것으로 예상된다.

그런 시대가 오면, 대부분의 사람들이 귀 뒤에 작은 칩을 하나씩 달고 산다. 이건 스마트폰이나 노트북처럼 흔한 장치가 된다.

생각만으로 메시지를 보내거나, 일정 관리나 번역, 감정 조절 같은 기본적인 기능은 다 가능해진다. 하루의 기억과 일정을 자동으로 저장하거나, 다른 사람과 데이터를 주고받는 것도 가능하다. 칩의 가장 큰 장점은 물리적 동작 없이 즉각적인 정보 처리가 가능하다는 점이다. 지하철에서 손을 쓰지 않고 업무 메일을 작성하고, 회의 중 눈을 감은 채로 자료를 검색하며, 운전 중에도 내비게이션을 생각만으로 조작하게 될 것이다.

이 칩이 가진 여러 기능 중 하나는 바로 현장 동기화 체험 기능이다. 특정 사건이 벌어진 장소와 환경의 물리적 데이터를 칩으로 전송받아, 그 공간에 실제로 있는 것처럼 느껴지게 만드는 방식이다. 마치 꿈속처럼, 내가 그 현장 한가운데 서 있는 것처럼 신경계가 반응한다. 향수 냄새와 플래시 불빛까지 전달해 큰 화제를 모을 것으로 예상된다.

현재 이 기술의 기반 연구들이 활발히 진행 중이다. MIT와 스탠퍼드는 디지털 불멸(Digital Immortality) 프로젝트를 통해 뇌의 신경 패턴을 디지털로 저장하고 감각을 복원하는 연구를 진행하고 있다. 2024년 MIT 연구팀은 쥐의 뇌에서 특정 기억을 추출·조작하는 실험에 성공했으며, 이는 알츠하이머 환자의 기억 복원 임상으로 발전할 가능성을 보여준다.

뉴로인코딩(Neuro-encoding) 기술도 발전하고 있다. 연구진들은 시각, 청각뿐 아니라 온도, 냄새, 촉각, 공간 밀도까지 코드로 번역해 저장하는 방법을 탐구 중이다. 예를 들어 인공와우(cochlear implant)는 소리 신호를 전기적 코드로 변환해 청신경에 전달함으로써 청각을 복원한 대표적인 뉴로인코딩의 상용 사례다. 스탠퍼드 등은 후각 신경 신호를 디지털로 변환해 뇌에 전달하는 실험을 수행하며, 시각장애인용 '촉각 내비게이션' 등으로 응용될 전망이다.

BMI·BCI 기술 분야에서도 진전이 있다. 2024년 뉴럴링크는 첫 인간 임상에서 전신 마비 환자가 생각만으로 컴퓨터 커서를 움직이는 데 성공했다. 소니와 밸브는 BCI를 게임 인터페이스에 적용 중이며, 의료계는 원격 수술 로봇과 BCI를 결합해 정밀한 촉각 피드백 시스템을 개발하고 있다.

2035년의 귀 뒤 칩은 이러한 기술들이 하나로 통합된 결과물이 된다. 그때가 되면 사람들은 뉴스를 화면 너머에서 읽거나 보는 대신, 사건이 일어난 현장 그 자체를 자신의 신경계로 직접 체험한다. 뉴스는 문장이나 영상이 아니라 공간 데이터로 전송되는 현장 체험으로 변화한다.

이러한 기술 발전이 가져올 변화는 단순한 편리함에 그치지 않는다. 사람들이 사건 현장을 생생하게 체험하게 되면서, 사회에는 새로운 문제가 나타나게 된다. 가장 큰 문제는 '사고 능력 감소'다. 뉴스 현장은 너무나 생생하게 재현되어, 사람들은 그 순간의 감각에만 몰입한다. 시위 현장의 함성과 긴장감 속에서 "왜 이 사건이 일어났는가"를 생각할 여유를 잃는다. 이제 굳이 생각하지 않아도 현장을 느낄 수 있고, 배경을 찾거나 원인을 분석할 필요가 없어진다. 느끼는 것만으로 충분하다고 믿게 되면서, 사람들은 사건의 맥락을 파악하는 능력을 잃어간다. 현장이 주는 강렬한 감각이 사고를 대체하는 것이다. 결과적으로 사람들은 같은 사건조차 서로 다른 감각 기억으로만 받아들이고, 공통의 이해 기반이 사라지며 사회는 파편화될 것이다. 더 심각한 것은 선동적 현장 연출에 취약해진다는 점이다.

여기서 한 가지 역설이 생긴다. 기술은 현장을 정밀하게 전달하지만, 그 배경을 이해하거나 스스로 사고하도록 돕지는 않는다. '느끼게 만드는 기술'은 빠르게 발전했지만, '이해하게 돕는 기술'은 존재하지 않는다.

이러한 사회적 문제 속에서, 인간 사고 지원 서비스인 리마인드(ReMind)는 하나의 대안으로 등장할 것이다. 우리가 지향하는 것은 명확하다. 사고의 복원, 맥락의 제공, 진실성 그리고 미디어 윤리·기술은 감각을 자극할 수 있지만, 이해까지 대신할 수는 없다. 리마인드는 기술이 인간의 사고를 대체하기를 원하지 않는다. 오히려 사고를 확장하고, 이해에 가까이 다가갈 수 있도록 돕고자 한다.

리마인드는 네 가지 AI 직원들이 한 팀이 되어 협업하는 구조이다.

질문 기획자는 사용자가 체험 중 느끼는 감각 반응을 분석해 사고를 이끄는 질문을 생성한다. 이 기능에는 OpenAI의 GPT가 사용될 것이다. 체험 과정에서 수집된 신경 신호와 현장 정보를 해석해 적절한 질문을 만든다. GPT는 맥락 이해와 질문 생성 능력을 바탕으로 사용자가 현장 너머의 배경으로 자연스럽게 이동하도록 돕는다.

데이터 수집가는 동일한 사건을 둘러싼 여러 현장 데이터를 수집 후 비교하고 역할을 담당한다. 이 과정에는 공간·환경·맥락을 함께 분석할 수 있는 Google Gemini가 적용될 예정이다.

현장 데이터는Weaviate 벡터 데이터베이스에 저장되어 장소 간 의미적 거리와 관계를 계산하는 데 사용된다. Gemini는 이를 기반으로 편향된 현장 연출을 조정하고 사건의 전체 맥락을 객관성 있게 정리한다.

신경 분석가는 사용자의 감각 반응과 몰입 패턴을 신경 신호 데이터로 해석한다. 여기에는 Emotiv의 Cortex AI가 활용될 것이다. Emotiv EpocX가 측정한 뇌파 데이터를 머신러닝 모델로 분석해 집중도, 압도감, 몰입도 같은 신경 반응을 분류한다. 이 과정을 통해 반복되는 감각 패턴이나 사고가 멈추는 지점이 드러난다. 사용자는 자신의 체험 경향을 객관적으로 파악하게 된다.

시각화 담당자는 분석된 체험과 감각 데이터를 구조화해 시각적으로 보여주는 역할을 한다. 이를 위해 Neo4j Graph Data Science의 그래프 분석 AI 모델이 사용될 것이다. 체험과 감각의 연결 구조를 그래프 형태로 계산한다. 이후 GraphXR이 이 데이터를 시각적 형태로 표현해 개인과 집단의 체험 흐름, 현장 차이, 감각의 이동이 한눈에 드러난다. 사용자는 자신의 체험이 사회적 맥락에서 어떤 구조를 갖는지 이해하게 된다.

리마인드의 사고 지원 과정은 네 가지 AI 팀이 순서대로 작동하는 구조로 이루어진다. 질문기획자가 먼저 감각과 반응을 기반으로 사고를 확장할 질문을 만들고, 데이터 수집가가 관련 현장과 정보를 수집해 편향되어있지 않은 객관적 정보로 정리한다. 신경 분석가는 미디어 체험과정에서 나타나는 신경 신호와 감각 패턴을 분석해 반복 반응이나 사고의 정지 지점을 파악한다. 마지막으로 시각화 담당자가 개인 혹은 집단의 사고 흐름을 시각 자료로 나타내 사용자가 자신의 감각과 생각을 명확히 확인하도록 돕는다.

리마인드는 BCI 칩과 연동되는 체험형 사고 보조 소프트웨어다. 사용자는 앱을 실행하듯 리마인드를 켠 상태로 체험식 뉴스에 접속하며, 체험을 넘어 구조적 이해로 이어지도록 설계된 기능이 배경에서 자동 작동한다.

리마인드는 네 가지 핵심 기능을 제공한다.

정보 오버레이는 체험 중, 배경 정보를 시야에 겹쳐 표시한다. 신경 분석가가 감정 급상승이나 이해 정지를 감지하면 질문 기획자가 질문을 생성하고 데이터 수집가와 시각화 담당자가 관련 배경과 구조를 제시한다.

다중시점 다시 보기를 통해 하나의 사건을 여러 입장으로 재체험한다. 시위를 군중 속에서 경험한 뒤 경찰 관점으로 전환하면 관점 차이를 정리하고 "경찰은 무엇을 우선으로 판단했을까?" 같은 질문을 던진다.

감각 안전모드는 과도한 자극으로 사고가 멈추면 자극을 줄이고 분석 정보로 전환한다. 전쟁 체험에서 폭발음이 줄어드는 대신 전쟁 비용과 조약 내용이 나타난다.

공동체험 토론실에서는 같은 체험을 마친 사용자들이 자동으로 토론 공간에 모인다. 각자의 시선 흐름과 감정 반응을 비교하고 AI가 토론 질문을 생성한다.

이러한 기능들이 작동하는 방식을 살펴보면, AI는 팀장이 설계한 논리 구조를 따른다는 것을 알 수 있다. 사용자가 시위 현장에서 최루탄 냄새에 압도되면 신경 분석가가 사고 정지를 감지하고 질문기획자에게 신호를 보낸다. 질문기획자는 팀장이 설정한 논리 순서에 따라 '시위대는 왜 여기 모였을까?'를 먼저 배치한다. 결과보다 원인을, 대응보다 배경을 먼저 이해하도록 만드는 설계 원칙이다.

인간 팀장은 체험 로그를 분석해 편향 패턴을 찾아내고, 트라우마 자극을 차단하며, 신경 신호 패턴으로 사고 정지 지점을 파악한다. 새로운 사건 발생 시 논리 구조를 수정하고 매주 결과를 점검한다. AI는 빠르게 실행하지만 어떤 논리가 옳은지 판단하지 못한다. 팀장이 그 논리를 만들고 관리한다.

그렇다면 인간 팀장에게는 어떤 자질이 요구될까. 팀장은 사고의 설계자이자 윤리의 수호자로서 네 가지 핵심 가치를 지녀야 한다. 먼저 겸손함이 필요하다. 자신의 논리가 절대적이지 않다고 인정하고 매주 편향을 점검해야 한다. 다음으로 책임감을 가져야 한다. 질문 우선순위 하나가 수백만 명의 사고 경로를 바꾸므로 사용자의 자율적 판단을 돕는 데만 사용해야 한다. 또한 공감 능력이 중요하다. AI는 사고 정지를 감지하지만 감정은 이해하지 못한다. 폭발음이 트라우마를 유발할 수 있다는 것은 인간만 안다. 마지막으로 투명성을 유지해야 한다. 논리 구조를 설계한 이유를 기록하고 공개해야 한다. AI가 효율성을 담당한다면, 인간은 의미를 담당한다.

리마인드가 확산되면 사회는 어떻게 변화할까. 감각에만 압도되던 사람들이 배경을 먼저 묻기 시작하고, 한 관점에 갇힌 체험이 여러 시점으로 이해된다. 수백만 명이 같은 뉴스를 체험하되 서로 다른 질문과 관점을 거치면서 사회는 공통의 이해 기반을 되찾는다. 기술이 감각만 전달하던 시대에서 기술이 이해를 돕는 시대로의 전환, 그것이 리마인드가 2035년에 남길 유산이다.

2035년 리마인드가 제시하는 미래는 AI가 인간의 생각을 대체하는 세상이 아니라, 인간의 생각과 사고를 도와 AI와 인간이 협력하는 세상이다. 인간은 사람들을 연결시킬 수 있다. 공동체험 토론실에서 AI는 데이터를 시각화하지만, 사람들이 서로 이해하고 공감하도록 만드는 것은 인간이다. 그리고 미래의 개척자이다. AI는 과거 데이터로 학습하지만, 미래를 상상하고 만드는 것은 인간이다. 기술이 할 수 있는 일이 많아질수록, 인간만이 할 수 있는 일의 가치는 더 올라간다. 데이터 처리는 AI가 하고, 의미 부여는 인간이 한다. 효율은 AI가 담당하고, 방향은 인간이 제시한다. AI가 아무리 발전해도 사고의 방향 설계, 윤리적 선택, 의미 창조는 여전히 인간의 고유 영역이다. 2035년의 미래는 AI와 인간이 경쟁하는 세상이 아니라 협력하는 세상이다.

그 협력의 중심에 생각하는 인간이 서 있다.

김종민(미디어 학과)

기술 속 방향키

이미지 생성 AI가 손가락이 여섯 개 달린 그림을 만들어내던 과거에서, 이제는 구도와 분위기, 스타일 선택까지 반영한 이미지를 생성하는 단계에 이르기까지, 기술의 발전은 매우 빠르게 이루어지고 있다. 이러한 흐름 속에서 복잡한 기술이나 전문적인 역량 없이도 누구나 결과물을 만들 수 있는 환경이 형성되고 있으며, 기술 경쟁은 더 높은 완성도를 겨루는 단계에서 벗어나 결과물이 사람에게 어떤 느낌과 의미로 전달되는지에 주목하는 방향으로 이동할 것이다.

이와 더불어 10년 후엔 게임 그래픽 아트 역시 변화할 것이다. 게임 그래픽 아트는 게임 내에서 보이는 모든 시각적 요소를 제작하고 구현하는 분야로, 콘셉트 아트, 캐릭터 아트, 배경 아트, UI/UX 아트, 3D모델링과 애니메이션 등 다양한 세부 영역을 포함한다. 이러한 영역은 그동안 시각적 완성도와 기술적 구현에 중점을 두고 발전해 왔으나, 앞으로는 화면을 어떻게 보이게 할 것인가 보다 그 화면이 플레이어에게 어떤 느낌과 의미를 남길 것인가를 설계하는 역할이 더욱 중요해질 것이다. 이를 위해 게임 그래픽 아트는 AI와 자동화 기술을 활용해 화면의 분위기와 연출을 상황에 맞게 조절하며, 플레이 경험의 흐름과 감정의 변화를 보다 자연스럽게 구성하는 방향으로 발전하게 될 것이다.

결과물이 전달하는 느낌과 의미를 중요하게 여기게 되면서, 이러한 방향성은 동시에 새로운 한계를 드러낼 수 있다. 이미지 생성 AI는 다수의 시각 자료를 학습해 결과물을 만들어내는 구조이기 때문에, 익숙하고 선호도가 높은 표현 방식에 기반한 결과로 수렴하는 경향이 있다. 이로 인해 감정과 메시지를 중심으로 한 창의적인 시도를 하더라도, 화면의 분위기와 연출에서 유사한 표현이 반복될 가능성이 커진다. 결국 각 게임이 고유한 그래픽 아트를 드러내고자 하더라도, 시각적 인상이 서로 비슷해 보이면서 차별성을 분명하게 보여주기 어려워질 수 있다.

화면의 분위기와 연출이 유사해질수록 플레이어는 새로운 플레이 경험을 기대하기 어려워지고, 이는 게임 전반의 흥미와 활력을 약화시킬 수 있다. 이에 대한 대응 방안으로, AI를 하나의 팀원으로 활용하는 방식이 제시될 수 있다.

AI는 단순히 이미지를 만들어내는 역할을 넘어, 각기 다른 기능을 수행하며 게임 그래픽 팀을 보조한다. 탐색 AI는 방대한 시각 자료를 바탕으로 기존 게임에서 자주 사용된 표현을 분석하고, 잘 사용되지 않았던 조합이나 새로운 방향의 시안을 제안해 선택의 폭을 넓힌다. 이를 통해 팀은 하나의 정답에 머무르지 않고 다양한 가능성을 검토할 수 있다. 또한 차별 분석 AI는 생성된 결과물을 기존 게임들과 비교해, 화면의 분위기와 연출이 지나치게 익숙한 방향으로 흐르지 않는지 점검한다. 이 과정은 사람이 일일이 확인하기 어려운 부분을 빠르게 보완하며, 유사한 표현의 반복을 사전에 줄이는 역할을 한다. 한편 경험 조정 AI는 게임 내 플레이 상황과 사용자 반응을 바탕으로 화면의 톤과 연출을 세밀하게 조정해, 플레이 경험이 단조로워지지 않도록 돕는다.

그러나 이러한 AI의 역할은 어디까지나 보조하는 데 그친다. AI는 다양한 선택지와 데이터를 제공하지만, 어떤 방향이 이 게임에 어울리는지, 어떤 표현이 게임의 메시지와 플레이 경험을 가장 잘 드러내는지는 스스로 판단하지 못한다. 이 최종적인 판단과 책임은 인간 팀장의 역할이다. 인간 팀장은 AI가 제안한 여러 결과물 가운데 게임의 세계관과 의도에 부합하는 방향을 선택하고, 느낌과 의미 그리고 개성을 우선하는 결정을 내린다. 이러한 판단을 통해 게임만의 특징과 플레이 경험이 유지되며,

AI가 만든 가능성은 하나의 명확한 방향으로 정리된다.

결국 AI가 선택의 폭과 속도를 넓힌다면, 인간 팀장은 그 선택에 기준과 방향을 부여함으로써 게임 그래픽 아트가 새로운 플레이 경험을 만들어낼 수 있도록 이끈다.

결국 기술의 발전은 인간을 대신하는 것이 아니라, 인간의 역할을 새롭게 정의하도록 요구하는 방향으로 나아가고 있다. AI는 결과물을 만들어내는 강력한 도구이지만, 그 결과를 어떻게 해석하고 어떤 맥락에서 활용할 것인지는 여전히 인간의 몫이다. AI가 제시하는 많은 가능성 속에서 무엇을 선택하고 어떤 가치를 담을 것인지를 판단할 때, 미래의 게임 그래픽 아트는 단순한 기술을 넘어 사람의 마음에 남는 예술로 완성될 수 있다.

박주형(융합디자인학부)

당신의 감정을 상영합니다

여러분은 GTA5가 처음 세상에 등장했을 때의 반응을 기억하는가.

미국의 거대한 도시를 무대로 삼아, 단순히 스토리를 따라가는 것이 아니라 도시 전체에서 자유롭게 행동하며 자신만의 상황을 만들어갈 수 있는 게임.

그 어떤 미션에도 얽매이지 않고, 원하면 범죄를 저지르며 도망칠 수도, 원하면 바닷가에 가서 시간을 보낼 수도 있는 그 '무제한 자유도'는 당시 게이머들에게 신선한 충격이었다. 그래서 GTA5는 출시 이후 지금까지 2억 장 넘게 판매되었고, 2025년 공개된 GTA6 트레일러는 5억 뷰를 기록하며 '전 세계가 가장 기다리는 게임'이라는 타이틀을 입증했다.

이런 GTA5는 하나의 신호였다. 게임은 주어진 스토리를 따라가는 기존 방식에서 벗어나, 플레이어 중심의 세계로 빠르게 이동하고 있다.

그리고 나는 자연스럽게 이런 생각을 하게 되었다. '그렇다면 10년 뒤의 게임은 어디까지 변화할까?'

현재의 기술들만 보아도
어느 정도의 미래는 예측할 수 있다.

버추얼 유튜버들의 실시간 표정·시선 추적 기술, 웨어러블 기기의 심박수·스트레스 수치 분석, VR기기가 움직임·시선·호흡 데이터까지 읽어내는 기능들은 이미 상용화되어 있다. 이 기술들은 지금은 방송, 헬스케어, 가상현실 등 서로 다른 영역에서 활용되고 있지만, 공통적으로 '사용자의 상태를 실시간으로 읽고 반응한다'는 특징을 지닌다. 이러한 기술들이 하나의 인터랙티브 매체 안으로 결합된다면, 가장 직접적인 적용 대상은 플레이어의 반응에 즉각적으로 응답해야 하는 게임이 될 것이다.

10년 뒤에는 이 모든 장치들이 자연스럽게 연결되며, 게임이 플레이어의 감정을 읽고 반응하는 구조로 발전하게 될 것이다. 이러한 기술이 스토리 중심 게임에 결합되면 변화는 더욱 뚜렷해질 것이다. 플레이어의 긴장 상태가 감지되면 게임은 긴장을 풀어주기 위해 조명을 부드럽게 바꾸거나 분위기를 차분하게 조정하고, 반대로 플레이어가 지루해하는 반응을 보이면 사건을 조금 더 빠르게 전개하고 위험 요소를 삽입할 수도 있을 것이다. 지금의 게임이 플레이어의 '선택'에 의해 움직였다면, 10년 뒤의 게임은 플레이어의 '감정'에 의해 움직이게 될 것이다.

하지만 이런 시스템은 플레이어에게 즉각적인 재미를 제공하는 동시에, 산업 구조 차원에서는 중요한 문제를 함께 만들어낸다. 감정이 실시간으로 분석되고 즉시 반영되는 구조 속에서 플레이어는 자신의 상태에 맞는 감정을 빠르게 경험하며 재미를 느끼지만, 그 감정이 어떤 사건을 통해 쌓였는지, 어떤 선택과 관계의 변화로 형성되었는지를 따라갈 여유는 점점 줄어든다. 스토리 중심 게임에서 감정은 원래 사건을 통해 축적되고, 인물 간의 관계 변화 속에서 깊어지며, 플레이 시간이 쌓일수록 서사적 몰입을 만들어 왔다. 그러나 재미와 감정이 필요할 때마다 자동으로 제공되는 환경에서는 감정이 '과정'이 아니라 '즉각적인 반응'으로 소비될 위험이 커진다. 그 결과 플레이어는 분명히 슬픔이나 감동, 위로 같은 감정을 느끼지만, 이야기를 따라 축적되는 감정의 흐름은 약해지고, 게임을 끝낸 뒤 기억에 남는 서사는 점점 줄어들 가능성이 커진다.

이러한 문제의식 속에서 Ludens One은 출발했다. 'Ludens'는 라틴어로 '놀이하는 인간'을 뜻한다. 아무리 기술이 발전하더라도 감정과 이야기를 문화로 완성하는 주체는 결국 인간이라는 믿음을 담은 이름이다. Ludens One은 감정 기반 AI 게임이 남기는 대규모 플레이 로그와 감정 반응 데이터를 분석해, 플레이어가 어떤 장면에서 감정적으로 반응했는지, 그 감정이 어떤 사건의 흐름 속에서 발생했는지를 추적하는 게임 기획 스튜디오다. 플레이어의 상태에 따라 감정을 즉각 제공하도록 설계된 게임들이 주류가 되는 환경에서, Ludens One은 그러한 시스템이 만들어낸 감정 장면과 플레이 흐름을 분석해, 감정이 집중된 지점과 쉽게 소모된 지점을 구분한다.

그리고 그 결과를 바탕으로 사건의 순서, 인물 간의 관계, 감정이 변화하는 구간을 다시 배치해 서사 구조를 기획한다. 우리는 AI가 만들어낸 감정을 그대로 이어 붙이지 않는다. AI가 생성한 감정은 하나의 '재료'일 뿐이며, 그 감정이 어떤 사건에서 출발해야 자연스러운지, 어떤 축적 과정을 거쳐야 의미를 가질 수 있는지는 인간 기획자의 판단으로 다시 설계한다.

즉, 감정은 AI가 만들어내지만, 그 감정이 하나의 이야기로 남도록 완성하는 일은 인간의 역할이라고 믿는다.

우리 스튜디오에서는 여러 AI 파트너들이 함께 작동한다. 아트 디자이너 AI Lux는 감정 톤에 맞는 시각 스타일을 제안하고, 작곡가 AI Sonus는 음악을 통해 장면의 정서를 조율한다. 스토리 라이터 AI Mira는 감정 데이터를 기반으로 서사 초안을 제작하며, QA 테스터 AI Eidos는 플레이 과정에서 감정선이 끊기거나 과도하게 소모되는 지점을 탐지한다. 감정 아카이비스트 AI Orion은 대규모 로그 속에서 반복되는 감정 패턴과 반응 흐름을 정리한다. 그리고 인간 기획자는 이 모든 결과물을 종합해, 감정의 흐름이 사건과 인물 관계 속에서 자연스럽게 이어지도록 서사를 최종 설계한다. 다른 감정형 게임들이 감정 → 즉시 반응 → 즉시 장면이라는 구조로 감정을 제공한다면, Ludens One은 감정 → 의미 분석 → 사건 구조 재설계 → 서사 연결이라는 과정을 통해 이야기를 완성한다. 이 차이는 기술의 문제가 아니라, 감정을 다루는 방식의 차이이다. 기술이 감정을 감지하고 생성하는 역할을 맡게 될수록, 그 감정이 어떤 이야기 속에서 어떤 의미로 남을지를 판단하는 역할은 인간 기획자에게 남는다.

Ludens One은 바로 그 역할을 중심에 두고 작동하는
게임 기획 스튜디오다.

기술은 언제나 게임을 더 자유롭고 정교하게 만들어 왔다. GTA5가 플레이어에게 세계를 맡겼듯, 10년 뒤의 게임은 플레이어의 감정까지 읽어내며 반응하는 방향으로 나아갈 것이다. 그러나 기술이 감정을 즉각적으로 제공할수록, 그 감정을 지탱하던 이야기의 과정은 점점 뒤로 밀릴 수 있다. 이 글이 말하고자 하는 것은 기술의 발전을 막아야 한다는 것이 아니라, 그 속도에 맞서 이야기를 다시 세우는 역할이 필요하다는 점이다. 감정이 자동으로 생성되는 시대에도, 그 감정이 어떤 사건과 관계 속에서 의미를 갖게 할지는 여전히 인간의 선택에 달려 있다.

미래의 게임이 어떤 형태로 진화하든, 이야기를 하나의 경험으로 완성하는 마지막 판단은 인간에게 남아있을 것이다.

김지민(문화콘텐츠학과)

AI가 버린 쓰레기를 주워라

10년 후 디자인 분야는 물리적인 드로잉의 한계를 넘어, 발상이 곧 구현되는 시대로 패러다임이 완전히 전환될 것이다. 그 변화의 중심에는 디자이너의 뇌파와 감정을 정밀하게 해석하는 뉴로 링크 기술이 있다. 이 장비는 디자이너가 머릿속으로 '거칠지만 따뜻한 흙의 질감'이나 '날카로운 금속성의 차가움' 같은 추상적인 심상을 떠올리면, 이를 실시간으로 데이터화하여 모니터 속 3D 텍스처와 형태로 즉시 시각화 해준다. 마치 마법처럼, 가구 디자이너가 의자의 형태를 상상하기만 해도 AI가 그 생각의 패턴을 읽어내어 구조적으로 완벽한 모델링을 눈앞에 띄워주는 식이다.

하지만 이것이 디자이너가 단순히 상상만 하고 앉아있어도 된다는 뜻은 절대 아니다. 오히려 디자이너의 역할은 더욱 고도화된다. 과거에는 형태를 만드는 기술적 숙련도가 중요했다면, 미래에는 AI가 생성한 수천 개의 결과물 중 브랜드의 철학에 부합하는 것을 선별하고, 기술적으로 구현된 결과물에 인간만이 느낄 수 있는 감성적 맥락을 부여하는 총괄 디렉터로서의 능력이 요구된다. AI가 복잡한 공학적 계산과 시뮬레이션을 전담하는 동안, 디자이너는 '이 제품이 왜 존재해야 하는가?'라는 본질적인 질문과 사용자 경험 설계에 집중하여, 개인의 역량만으로도 거대 기업과 경쟁할 수 있는 1인 마이크로 기업 시대를 열게 될 것이다.

그러나 이러한 눈부신 기술적 효율성은 심각한 사회적 부작용을 동반한다. 전 세계의 디자이너들이 동일한 고성능 AI 엔진을 사용함에 따라, 디자인 결과물들이 '평균적으로 완벽하지만 서로 비슷한 스타일'로 획일화되는 현상이다. 도시 풍경부터 소비재까지, 데이터 기반의 안전한 정답만이 넘쳐나면서 다양성과 개성이 실종될 위기에 처해버릴 것이다.

더욱 치명적인 문제는 디자이너의 성장 사다리 붕괴다. 스케치나 모델링 같은 기초 훈련 과정을 AI가 대신하면서, 신입 디자이너들은 형태를 다루는 감각과 비판적 안목을 기를 기회를 박탈당하게 된다. 이는 결국 AI가 내놓은 결과물이 왜 좋은지 판단조차 하지 못하고 수동적으로 수용하는 단순 오퍼레이터들을 양산하게 되며, 인간 고유의 창의성이 기술에 종속되는 결과를 초래할 것이다.

MUSE DIVE는 AI가 제공하는 효율적인 정답 대신 가치 있는 혼돈을 통해 잃어버린 인간 고유의 감각을 되살리는 1인 기업이다. MUSE DIVE 하나가 사회 전체의 획일화 문제를 해결할 수 있다고 생각하지 않지만, 대다수의 시장은 여전히 효율적인 AI 디자인을 따를 것이다. 하지만 MUSE DIVE는 이 거대한 흐름에 저항하여 진정한 독창성을 갈망하는 디자이너와 브랜드를 위한 안식처를 제공한다. 우리는 효율적인 정답 대신, 가치 있는 혼돈을 통해 잃어버린 인간의 감각을 되살리는 회사다.

MUSE DIVE는 1인 기업이지만, 내부 시스템은 대기업의 R&D센터처럼 3개의 전문 부서로 나뉘어 체계적으로 작동한다. 각 AI는 마법사가 아니라 철저한 기능적 도구로서 작동한다.

제1부서: 데이터 마이닝 팀
핵심 도구: Dream Weaver
역할: 기존 AI가 의자를 검색하면 의자 사진을 학습하는 것과달

리, 이 AI는 의자와 상관없는 데이터를 강제 결합한다.

알고리즘: 형태학적 매트릭스를 비틀어, 예를 들어 재즈 음악의 불규칙한 리듬을 가구의 다리 구조 데이터로 변환하여 디자이너에게 던져준다. 이는 인간의 고정관념을 강제로 깨트리는 노이즈 주입기 역할을 수행한다.

제2부서: 제너레이티브 디자인 팀

핵심 도구: Neuro-Link

역할: 디자이너의 뇌파와 시선 추적 데이터를 실시간으로 분석하여 3D 덩어리를 생성한다.

기능: 완성된 매끈한 서피스를 제공하는 기능이 비활성화 되어 있다. 대신 거칠고 수정이 필요한 덩어리 상태로만 출력하여, 디자이너가 반드시 VR 핸드툴을 사용해 직접 다듬어야만 다음 단계로 넘어갈 수 있도록 설계되었다.

제3부서: 품질 및 법무 팀

핵심 도구: Trend-Blocker

역할: 생성된 디자인을 실시간으로 웹상의 기존 제품들과 비교한다. 유사도가20% 이상일 경우 '너무 평범합니다'라는 경고와 함께 프로젝트를 강제 중단시킨다.

PART 2   감정이 인터페이스가 되는 시대

이 과정들 속에서 인간 팀장인 디자이너의 존재 이유는 명확하다. AI는 혼돈을 던질 뿐, 그것을 디자인으로 풀어내는 것은 인간이다. 인간은 '예쁜 의자를 만들어줘'가 아니라 '편안함 속에 숨겨진 긴장감을 표현하고 싶어'라는 추상적 철학을 제시하여 방향을 잡는다. Neuro-Link가 뱉어낸 불분명한 덩어리를 VR 클레이나 실제 스케치를 통해 직접 깎아내고 다듬는다. AI가 해결해주지 않는 이 수작업 과정을 통해 디자이너는 퇴화했던 조형 감각을 되살리고, AI가 흉내 낼 수 없는 인간의 손맛을 결과물에 갈아 넣게 된다.

새로운 라운지 체어 프로젝트를 예로 들면, Dream Weaver가 녹아내리는 빙하 소리와 거친 현무암의 촉감을 동시에 쏟아낸다. 디자이너가 이 모순된 자극에서 단단함 속의 균열을 상상하는 순간, Neuro-Link는 그 뇌파를 읽어 폭발하다 멈춘 듯한 암석 덩어리를 띄운다. 디자이너는 이 기괴한 덩어리를 자신의 손으로 직접 다듬어 의자의 등받이 라인을 찾아내는 것이다. 결국 MUSE DIVE는 사회 전체를 바꿀 수는 없더라도, 이곳을 찾는 디자이너들에게 만큼은 AI 오퍼레이터가 아닌 주체적인 창작자로서의 지위를 회복시켜 준다. 이것이 우리가 획일화된 미래에 던지는 가장 강력한 대안이다.

　　MUSE DIVE가 10년 후의 세상에 미칠 영향은 단순히 독특한 의자 몇 개를 더 만드는 것에 그치지 않는다. 우리는 AI의 완벽한 알고리즘이 지배하는 세상에서, 인간적 불완전함의 가치를 수호하는 방파제 역할을 할 것이다. AI는 언제나 가장 효율적이고 매끄러운 결과를 도출하려 한다. 하지만 예술과 진정한 혁신은 종종 비효율, 실수, 그리고 상처와 같은 결함에서 탄생한다.

　　MUSE DIVE는 AI가 노이즈라고 판단하여 제거해버릴 그 미세한 결함들이, 사실은 디자이너의 고유한 개성임을 증명할 것이다. 우리는 획일화되어 가는 세상에 '조금 이상해도 괜찮아'라는 메시지를 던지며, 다양성이 숨 쉴 수 있는 생태계를 보존하는 역할을 수행할 것이다.

　　이 고도로 발달한 AI팀을 이끄는 인간 팀장에게 필요한 철학은 더 뛰어난 기술력이 아니다. 그것은 바로 불확실성을 견디는 용기와 본질에 대한 집착이다. Dream Weaver가 쏟아내는 혼돈과 Neuro-Link가 보여주는 기괴한 덩어리 앞에서, AI에게 알아서 매끄럽게 다듬어달라고 말하고 싶은 유혹을 이겨내야 한다.

　　거칠고 낯선 것을 마주하고, 그것을 내 손으로 끝까지 책임지겠다는 용기만이 우리를 AI의 오퍼레이터가 아닌 창작자로

PART 2　　감정이 인터페이스가 되는 시대

남게 한다. 팀장은 항상 기술에게 물어야 한다. '이것이 기능적으로 완벽한가?'가 아닌, '이것이 인간의 마음에 닿을 수 있는가?'를 물어야 합니다. 기술적 완벽함보다 인간의 떨림과 숨결을 우위에 두는 가치관, 이것이 MUSE DIVE를 이끄는 핵심 원칙이다.

MUSE DIVE의 사례를 통해 바라본 10년 후, 인간의 역할은 비관적이지 않다. 오히려 우리는 하기 싫은 노동에서 해방되어 진정한 창조의 영역으로 진입하게 될 것이다. 반복적이고 논리적인 행동은 AI가 전담하게 된다. 그렇다면 빈손이 된 인간은 무엇을 해야 할까? 우리는 의미 부여의 주체가 되어야 한다. AI는 '어떻게 하면 의자를 튼튼하게 만들까?'라는 정답을 낼 수는 있지만, '왜 우리는 앉아서 쉬어야 하는가?'라는 질문을 던질 수는 없다.

미래의 디자이너, 그리고 미래의 인류는 AI가 쏟아내는 무한한 가능성 속에서 우리 삶에 필요한 것이 무엇인지 선별하고, 그 결과물에 우리만의 이야기와 철학을 입혀 의미를 만드는 역할을 맡게 될 것이다. 기술이 고도화될수록, 가장 인간적인 질문을 던지는 사람만이 가장 대체 불가능한 존재가 될 것이다.

이 시스템이 실제 필드에서 작동하는 방식을 예시로 들어보겠다. 인간 팀장(디자이너)은 '앉았을 때 척추는 편안하지만, 시각적으로는 무너질 듯한 불안감을 주고 싶다'는 목표를 입력한다. Dream Weaver는 이에 맞춰 상반된 데이터를 충돌시켜 시각화한다. 디자이너가 이 시각 정보에서 영감을 얻어 균열을 상상하는 순간, Neuro-Link가 뇌파를 감지하고 모니터에 3D 모델을 띄운다. 여기서 인간 팀장의 핵심 역량이 발휘된다. AI의 판단 대신, 인간 팀장이 직접 자신의 디자인을 결정한다.

Trend-Blocker가 '이 형태는 인체공학적으로 비효율적입니다' 라고 경고하지만, 팀장은 비효율이 의도라며 경고를 무시하고 강행한다. AI의 논리적 반대를 인간의 철학으로 제압하는 순간이다. VR 컨트롤러를 쥔 손으로 암석의 거친 겉면은 살리고, 앉는 부분만 정밀하게 깎아낸다. 이 미세한 곡선은 오직 인간의 손 감각으로만 잡을 수 있다.

기능적 완벽함이 평범한 일상이 되는 미래, 완벽함은 더 이상 매혹적이지 않다. 모든 것이 매끄럽게 최적화된 초효율 사회에서, 사람들이 기꺼이 높은 대가를 지불하는 대상은 역설적이게도 인간적인 빈틈과 비효율적인 낭만일 것이다. MUSE DIVE는 AI가 노이즈라 판정하여 삭제해버린 그 불완전한 흔적들,

그 미세한 떨림과 굴곡을 유일한 아름다움으로 복원한다. 우리는 정답만이 존재하는 획일화된 세상에 다양성의 숨구멍을 틔우고자 한다. 따라서 미래의 리더에게 필요한 자질은 코딩 기술이 아닌, 질문의 깊이다. AI는 '어떻게 하면 더 가벼운 의자를 만들까?'를 순식간에 계산하지만, '왜 우리는 묵직한 의자에 기대어 위안을 얻는가?'라는 질문은 결코 이해하지 못한다. 미래의 디자이너는 단순히 데이터를 조립하는 기술자가 되어서는 안 된다.

기술이 놓치고 있는 인간의 내밀한 욕망을 읽어내고, AI에게 인간다움을 가르치는 인문학적 지휘자가 되어야 한다.

성우진(융합디자인학부)

공감의 온도

　2035년의 미디어 세계는 이미 완전히 달라져있다. 사람들은 더 이상 영상을 클릭해 재생할 필요가 없으며, 언제든지 현실 세계 위에 영상을 덧씌울 수 있다. 귀 뒤의 인터페이스를 가볍게 터치하면 투명한 영상층이 공기중에 부착되어 시선에 따라 자연스럽게 움직이고, 이는 마치 또 다른 공간으로 초대 받는 듯한 감각을 형성한다. 가상 캐릭터는 모퉁이에서 나와 사용자의 산책을 함께하며, 목소리는 귀 뒤에서 흘러오는 듯 전달되고, 바람 소리 또한 사용자의 발걸음에 맞춰 변화한다. 이러한 이유로 미래의 '영상보기'는 잠시 동안 영상 세계속으로 들어가 생활하는 경험에 더 가깝다. 학교 운동장에서 산책을 하며 자주 사용하는 AR 시리즈를 실행하면, 야간의 트랙은 빛의 입자가 천천히 흩어지는 SF 복도로 변하고, 이야기 속의 캐릭터는 친구처럼 다가와 하루는 어땠는지 묻고 함께 걸음을 맞춘다.

　그러나 체험이 현실적일수록 문제는 더욱 뚜렷해진다. 기술 부족이 아니라, 기술이 지나치게 발달했기 때문에 오히려 인간성이 사라지는 현상이 나타나는 것이다. AI 캐릭터는 많은 말을 할 수 있지만 말투가 반복되고 감정 표현은 딱딱하며, 웃지 않아야 할 상황에서 어색하게 웃는 등 인간다움이 결여되어있다. 사용자가 속도를 늦춰도 캐릭터는 정해진 속도로 계속 걸어가고, 사용자의 기분이 가라앉아 있어도 AI는 전혀 상황과 맞지 않는 밝은 농담을 던진다. 화면이 정교해질수록 감정의 '가짜느낌'은 더욱 커지고 몰입감은 무너진다. 이 문제는 단순한 기술개선으로는 해결 되지 않는 본질적 문제라고 판단했고, 이러한 이유로 HVision Studio를설립하게 되었다.

시각 부서는 Stable Diffusion과 Midjourney를 활용해 사용자의 걸음 속도·머리 방향·주변 조도에 따라 장면을 실시간으로 조정한다. 현실과 영상의 경계가 보이지 않도록 장면을 자연스럽게 이어붙이는 역할을한다.

언어부서는 ChatGPT와 DeepBrain이 담당하며 사용자의 호흡·멈춤·발걸음 강도 등을 분석해 감정을 파악하고, 그에 맞는 말투·속도·어조를 조절한다. 더 이상 딱딱한 기계 말투가 나오지 않도록 하는 핵심 부서이다.

동작 부서는 Sora와 Heygen이 맡아 사용자의 신체 움직임에 즉각적으로 반응해 캐릭터 동작을 맞춘다. 예를들어 사용자가 갑자기 고개를 돌리면 캐릭터도 멈춰 같은 방향을 바라보는 등 실제 친구처럼 반응한다.

인간 팀장은 시스템의 감정 번역자이자 최종 질감 조정자의 역할을 수행한다. 어떤 AI도 인간의 미세하고 비정량적인 감정 전체를 완전히 이해할 수 없으므로 초기에는 인간의 관찰과 판단이 개입되어야 한다. 사용자의 미묘한 선호를 반영한 스타일 노트를 기반으로 AI에게 구체적 우선순위를 교육하고, 실시간 운영 과정에서 발생하는 예외 상황을 규칙화해 AI가 학습하도록 만든다. 시간이 지남에 따라 AI는 인간의 개입 규칙을 스스로 적용할 수있게 되고, 인간은 더 전략적이고 창의적인 영역으로 역할을 확장하게 된다.

우리팀의 차별성은 바로 이러한 문제점의 '정반대'를 실현하는 구조에 있다. 다른 기업들은 AI를 완전히 자동으로 움직이는 창작 기계로 취급해 캐릭터가 지나치게 매끈하고 감정없는 존재가되기쉽다. 그러나 HVision Studio는 AI를 인간 감정을 함께 학습하는 협력자로 보며, 인간적인 오류·머뭇거림·감정의 온도같은 '비정량적 요소'를 핵심가치로 삼는다. 덕분에 캐릭터는 가끔 한 박자 늦게 반응하고, 사용자의 기분이 좋을때는 어조가 부드럽게 올라가며, 조용한 분위기에서는 동작이 자연스럽게 느려지는 등 실제 사람같은 몰입감을 준다. 이 점이 타기업과의 뚜렷한 차이이다.

HVision Studio는 완벽한 AI를 만드는 회사가 아니라, 인간과 AI가 협력해 새로운 몰입구조를 만드는 회사이다. 우리 서비스 속 캐릭터는 친구처럼 자연스럽게 걸음을 맞추고, 진심으로 이해하는 듯한 말투를 사용하며, 동작 또한 반복적이지 않아 미세한 인간적 기운을 지닌다. 이러한 체험 방식은 기존 몰입형 콘텐츠 기업들과의 결정적 차별점이며, 미래 미디어가 나아가야할 방향이기도 하다.

기술이 차가운 도구에 머무르지 않고 인간의 감정에 반응하며, 타인을 이해하고 경험을 확장하도록 돕는 파트너가 되기를 바란다. 기술은 인간을 대체해서는 안되며, 인간은 여전히 감정·판단·공감 능력으로 기술을 이끌어야 한다. HVision Studio가 그리는 미래는 단지 사실적인 세계가 아니라 인간성을 담고 있으며, 기술이 인간을 위해 작동하는 따뜻한 몰입형 세계이다.

황기호(미디어학과)

AI는 감정을 읽고, 인간은 감정을 해석한다

10년 후의 사회는 감정 인식 기술과 영상 시스템이 정교하게 융합된 거대한 감정 환경으로 재편된다. 사람들의 표정 근육의 미세한 흔들림, 심박의 변화, 시선의 흐름, 뇌파의 작은 파동까지도 실시간으로 해석되며, 영상은 그때그때의 정서에 따라 자연스럽게 변주된다. 누군가 지친 하루를 보낼 때 화면의 빛은 부드럽게 낮아지고, 안정적인 리듬의 이미지와 따뜻한 색감이 흐르며 마음을 가라앉힌다. 에너지가 높아지는 순간에는 화면의 템포가 빨라지고 공간의 색채가 선명해지며 사용자의 감정에 리듬을 더한다. 영상은 더 이상 선택하는 대상이 아니라, 공기처럼 감정에 반응하는 하나의 환경이 되었다.

하지만 이처럼 매끄럽고 편안해 보이는 감정 기반 기술은 시간이 흐를수록 새로운 의문을 남겼다. 감정에 정확히 맞춰진 콘텐츠가 반복적으로 제공되면서 사람들은 점차 스스로 감정을 조절하거나 낯선 감정에 접근하는 힘을 잃어갔다. 알고리즘이 형성한 감정의 울타리 안에서 새로운 관점과 예기치 않은 이야기는 점점 멀어진다. 불안이 감지되는 순간에는 위로형 콘텐츠가 반복적으로 노출되고, 흥분이 높아질 때는 소비를 자극하는 광고가 자연스럽게 연결되며 감정과 소비의 결합 구조가 강화되었다. 그 과정 속에서 나는 한 가지 불편한 질문과 마주하게 되었다. 이 환경 안에서 인간은 과연 스스로 원하는 삶을 선택하고 있는가.

기술을 거부하는 것도, 무비판적으로 받아들이는 것도 답이 아니라는 사실을 깨달으며 나는 문제를 바라보는 방향을 바꾸기 시작했다. 감정을 이해하는 AI가 인간을 약하게 만드는 존재가 아니라, 오히려 인간의 감정 능력을 회복시키는 도구가 될 수는 없을까. 이 질문은 점차 구체적인 형태를 갖추었고, 그렇게 감정과 영상의 관계를 새롭게 설계하는 하나의 회사로 이어졌다. 이곳에서 영상은 감정을 단순히 따라가는 매체가 아니라, 감정을 건강하게 확장시키는 환경으로 기능한다.

우리는 감정 데이터의 오·남용을 방지하기 위해 모든 정보가 사용자 기기 내부에서만 처리되도록 설계했다. 또한 AI가 생성한 콘텐츠 초안은 자동으로 배포되지 않는다. 인간 팀장은 이를 하나씩 검토하며, 해당 콘텐츠가 특정 감정을 과도하게 강화하거나 사용자를 자극적으로 유도하지 않는지 판단한다. 흥분이 지나치게 높아진 순간에는 화면의 자극을 낮추어 감정의 균형을 회복시키고, 스트레스가 감지된 경우에도 단순한 위로가 아닌 감정 회복을 돕는 방향으로 영상의 서사와 리듬을 조정한다. 이러한 조율을 거친 콘텐츠는 인간을 조종하는 미디어가 아니라, 스스로 감정을 이해하도록 돕는 매개체가 된다.

이 시스템 속에서 AI는 분석과 생성의 역할을 맡는다. AI 시각 감독은 감정 데이터를 바탕으로 색채와 리듬, 공간 흐름을 조정하고, 스토리 알고리즘 디자이너는 감정을 치료적 서사로 전환한다. 데이터 휴머니스트는 민감한 정보의 편향을 최소화하며 투명한 데이터 구조를 유지하고, XR 환경에서는 촬영과 조명이 감정에 과도한 몰입을 유도하지 않도록 조절된다. 윤리와 커뮤니티를 담당하는 관리자는 전체 과정을 감시하며 감정 조작 가능성을 차단한다. 이 구조에서 AI는 감정을 측정하고, 인간은 감정의 의미를 해석한다.

나는 이 시스템을 조율하는 인간 팀장으로서 기술의 속도가 인간의 감각을 압도하지 않도록 균형을 유지한다. AI는 효율을 제공하지만, 최종적인 판단과 의미 부여는 인간의 몫이다. 모든 생성 과정은 투명하게 공개되며, 사용자는 자신에게 어떤 감정 변화가 일어나는지 이해할 수 있어야 한다. 이러한 인간 중심의 조율은 기술이 감정을 대신하지 않고, 감정을 확장시키는 방향으로 작동하도록 만든다.

결국 하이퍼 퍼스널 감정 환경은 인간의 감정을 통제하는 시스템이 아니라, 감정에 대한 이해를 깊게 만드는 도구가 되어야 한다. 미래의 미디어는 AI의 속도와 인간의 감각이 함께 만들어가는 풍경이 될 것이다. 그 속에서 인간은 감정의 의미를 해석하는 존재로 남고, AI는 감정을 안전하게 지원하는 동반자가 된다.

나는 이러한 협력을 통해 기술이 인간을 약하게 만드는 것이 아니라, 스스로의 감정을 더 깊이 바라보고 확장할 수 있는 새로운 감정 미디어 시대를 만들어가고자 한다.

여이동(영상디자인학과)

감정 인터페이스 이후의 선택

10 년 후의 미디어 환경은 AI가 만든 거대한 하이퍼 퍼스널 감정 공간 속에서 움직인다. 이 시스템은 말투, 표정의 떨림, 심박, 시선, 호흡까지 읽어 사용자의 감정을 예측하고, 감정의 흐름에 따라 콘텐츠가 자연스럽게 바뀐다. 피곤한 순간에는 화면의 밝기가 낮아지고 잔잔한 음악이 흐르며, 에너지가 높아지면 생생한 이미지와 빠른 리듬의 콘텐츠가 나타난다. 감정을 읽는 공기처럼 이 환경은 인간의 일상 속으로 스며든다. 하지만 시간이 흐를수록 한 가지 의문이 생긴다.

'감정을 이해해주는 기술이, 정말 우리의 감정을 넓히고 있을까?'

감정에만 맞춰진 콘텐츠가 반복되면서 사람들은 스스로 감정을 조절하거나 새로운 감정에 다가가는 힘을 잃어가기 시작한다. 알고리즘의 울타리 속에서 다양한 시각과 낯선 이야기들은 점점 멀어졌고, 흥분과 불안이 소비와 직접 연결되는 현상도 강화되었다. 과연 이 환경 속에서 인간은 진짜 원하는 선택을 하고 있는가?라는 질문이 남았다.

그 지점에서 인간 팀장은 문제를 바라보는 방식을 바꾸기 시작한다.

기술을 단순히 거부하거나 그대로 받아들이는 대신, AI가 인간의 감정을 약하게 만드는 것이 아니라 오히려 감정의 회복과 균형을 돕는 도구가 될 수 있다는 가능성을 떠올렸다. 그렇게 만들어진 회사가 감정 기반 콘텐츠 연구소 '이모션 랩(Emotion Lab)'이다. 이곳에서 인간 팀장은 감정의 방향을 설정하고, AI 팀원들은 그 기준에 맞춰 효율적으로 콘텐츠를 제작한다. 핵심은 속도가 아니라 감정의 균형이며, 기술이 인간의 마음을 대신하는 것이 아니라 인간의 마음을 더 깊이 이해하게 만드는 데 있다.

AI는 사용자의 감정을 분석해 콘텐츠 초안을 만든다. 하지만 인간 팀장은 이 초안들이 감정을 과도하게 자극하거나 현재 감정을 더 강화하는 방식으로 흘러가지 않는지 조율한다. 흥분이 높을 때 등장한 자극적 광고는 톤을 낮추어 안정적으로 다듬고, 스트레스가 감지 된 순간 자동 생성된 위로형 콘텐츠는 단순한 감정 맞추기에서 벗어나 점진적으로 회복을 돕는 방향으로 재구성한다. 이렇게 만들어진 콘텐츠는 감정을 조작하는 미디어가 아니라 감정을 건강하게 돌보는 매개체가 된다.

이 과정 속에서 인간 팀장은 기술의 목적을 다시 바라보게 된다. AI가 만든 세계는 인간을 대신하는 세계가 아니라, 인간의 감정과 감각을 더 멀리 확장시키는 세계여야 한다. 하이퍼 감정 환경은 인간의 감정을 더 깊이 이해하게 만드는 도구이고, 인간은 그 중심에서 방향을 제시하는 존재로 남는다. 기술의 속도와 인간의 감각이 함께 만들어내는 이 풍경 속에서 감정 미디어는 조작이 아닌 성장과 균형을 위한 환경으로 변화할 수 있다.

그래서 미래의 감정 미디어는 인간 팀장과 AI 팀원이 나누는 협력 속에서 완성된다. 인간은 감정의 의미를 해석하는 존재로, AI는 감정을 지원하는 동반자로 자리한다. 이모션 랩이 그리는 미래는 기술이 인간의 감정을 약하게 만드는 것이 아니라, 오히려 스스로의 감정을 더 깊이 바라보고 확장할 수 있는 새로운 감정 미디어 시대다.

여근석(미디어학)

감정을 읽는 미디어

　10년후의 미디어 환경은 현재와 비교할 수 없을 정도로 빠르게 변화할 것으로 예상된다. 인공지능 기술의 고도화와 함께 초고해상도 홀로그램 통신, 감정 분석 AI 그리고 개인의 기억을 자동으로 기록하는 라이프 로그칩과 같은 기술들이 일상 속에 자연스럽게 자리 잡게 될 것이다. 이러한 기술들은 미디어가 단순히 정보를 전달하는 수단을 넘어, 인간의 감정과 경험 그리고 기억에까지 직접적으로 개입하는 존재로 변화하고 있음을 보여준다. 특히 미래의 미디어는 사용자의 표정, 눈동자 움직임, 뇌파와 같은 생체 정보를 분석하여 개인에게 최적화된 콘텐츠를 제공하게 될 것이다.

　이는 개인 맞춤형 정보 제공이라는 측면에서 큰 편리함을 제공하지만, 동시에 사용자가 인식하지 못하는 사이 감정과 행동이 조절될 위험성도 함께 내포하고 있다. 결과적으로 미디어 기술의 발전은 인간의 삶의 질을 향상시킬 수 있는 가능성과 함께, 새로운 윤리적·사회적 문제를 동시에 발생시킬 수 있다.

첫째, 미래 미디어 기술의 발전은 감정 조작 문제를 심화시킬 수 있다. 감정 기반 AI 추천 시스템은 사용자의 눈동자 움직임과 뇌파를 분석하여 콘텐츠를 자동 조절하는 기능을 가진다. 그러나 이 기능이 잘못 사용될 경우 특정 감정을 강하게 유도해 사용자가 원하지 않는 감정변화가 발생할 수 있다. 이는 개인의 감정 자율성을 크게 위협하는 문제이다.

둘째, 라이프 로그칩의 확산은 기억 혼란 문제를 만들 가능성이 있다. 이 칩은 개인의 일상 경험을 자동으로 저장하지만 전파 간섭이나 보안 취약성으로 인해 잘못된 데이터가 삽입될 위험이 있다. 사용자가 실제로 하지 않은 행동이 기록되거나 이미 잊은 기억이 왜곡된 형태로 저장된다면 개인의 정체성에 혼란이 생길 수 있다. 특히 기록된 기억이 법적 증거로 사용될 경우 사회적 갈등도 증폭될 수 있다.

셋째, 홀로그램 기술의 현실화는 사회적 공간 질서를 혼란시킬 수 있다. 현실과 거의 구분되지 않는 홀로그램 광고나 캐릭터들이 도시 곳곳에 등장하면 사람들은 실제 사람과 가상의 인물을 구별하기 어려워지고 이는 사회 안전 문제로 이어질 가능성이 있다.

이런한 문제들을 해결하기 위해 'emotion&memory미디어 설립을 할 것이다. 이 회사는 인간 팀장과 AI 팀원이 협력하는 조직으로 감정 조작과 기억 왜곡 문제를 전문적으로 다루는 역할을 맡는다. 인간 팀장은 윤리 기준과 사회적 관점을 기반으로 의사 결정을 내리고 AI 팀원은 데이터 분석 기억 오류 시뮬레이션 홀로그램 환경 테스트 등 복잡한 계산 작업을 실시간으로 처리한다. 협업을 통해 문제 해결 속도는 빨라지고 정확성도 높아질 것이다.

예를들어 감정 조작형 홀로그램 광고가 신고되면 AI는 광고 속 표정 패턴을 분석해 도파민 반응을 과도하게 자극하는 요소를 찾아낸다. 이후 AI는 수정된 광고 버전을 자등 생성하고 인간 팀장은 수정안이 윤리 기준에 부합하는지 검토하여 최종 승인한다. 또 다른 예로 라이프 로그칩에서 잘못 기록된 데이터가 발견될 경우 AI는 수백번의 시뮬레이션을 통해 오류 원인을 추적하고 인간 팀장은 이를 기반으로 사용자에게 제공될 복구 절차를 결정한다. 미래 감정 기억 안전 미디어 회사는 감정 안전팀 기억 복구팀 홀로그램 환경팀 정책 연구팀으로 구성되어 전문적이고 조직적인 대응 체계를 마련한다.

10년 후의 미디어 환경은 인간의 감정과 기억을 직접적으로 다루는 새로운 편리함을 제공하지만, 동시에 예상치 못한 문제들을 만들 수 있으며 개인의 정체성과 사회적 신뢰를 흔들 위험도 존재한다. 따라서 미래 미디어 사회를 안전하게 유지하기 위해서는 인간과 AI가 협력하는 전문적인 조직의 역할이 매우 중요하다. 미래 감정 기억 안전 미디어 회사는 감정 조작 기억 오류 홀로그램 혼란 문제 등을 해결함으로써 미래 사회의 미디어 안전을 보장하는데 기여할 것이다.

유가항(미디어학과)

AI팀원, 인간 팀장

10년 후, 사람들의 정신 건강에 대한 관심은 일상적인 식단과 체력 단련을 관리하는 것처럼 자연스러워졌다. 이러한 변화의 핵심은 BCI 기술이 Wi-Fi처럼 보급되어 무감각하고 지속적이며 비침습적인 뇌 활동 모니터링과 조절을 실현하는 것이다. 불안이나 우울증에 시달릴 때, 감정이 무너질 때까지 기다릴 필요가 없다. 뇌-컴퓨터 인터페이스는 이미 뇌파의 비정상적인 '신호'에서 기회를 통찰했다. 이는 '감각에 의한' 진단 시대의 종말을 선언하며, 치료는 내비게이션처럼 실시간에 따라 최적의 경로를 동적으로 조정할 수 있다. 더 나아가, 이 기술은 통증을 유발하는 이상 신경 회로를 정밀하게 위치시키고 '원클릭 재설정'하여 개인이 '치료받는 사람'에서 '능동적 관리자'로 전환하고, 사람과 AI가 협력 공생 관계를 형성하여 많은 만성 질환에 획기적인 치료 방안을 제공한다.

따라서 10년 후, 정신 건강 서비스는 능동적이고 세심하며 어디에나 있는 '보호 시스템'이 될 것이다. 문제의 초기 단계부터 적극적으로 개입하여 모든 사람이 문제를 미연에 방지할 수 있도록 노력한다.

10년 후, 뇌-기계 인터페이스와 인공지능의 심층적인 보급으로 사회는 '전시 인식'의 시대에 접어들 것이다. 기술은 우리의 감정 변동을 끊임없이 통찰할 수 있으며, 심지어 우리가 아직 알아차리지 못했을 때도 미리 경고를 발령한다. 그러나 이러한 기술의 극한 효율성은 이에 상응하는 마음의 평화를 가져오지 못하고, 오히려 새로운 사회적 증상을 촉발시킨다. AI가 계속해서 사람들에게 '불안감을 느낄 것'과 '행복감이 감소할 것'이라고 말할 때, 사람들은 더 이상 자신의 감정의 체험자이자 주도자가 아니라 모니터링에 최적화된 대상이 되어 자신의 감정에 대한 정의권과 해석권을 잃게 된다.

데이터 중심의 세계에서 인류는 '감정의 주체'에서 '분석되고 관리되는 객체'로 전락하고 있다. 인류가 데이터화 사회에서 점차 감정 주체에서 분석 및 관리 대상으로 전락하는 문제를 해결하기 위해 '마음의 공존'이라는 정신 건강 기술 회사를 설립할 것이다. 우리는 '뇌-기계 인터페이스+AI 감정 분석+인간 전문가 협력' 모델을 통해 디지털 시대에서의 감정 자율성과 심리적 완전성을 재건하는 데 전념하고 있다. 회사의 핵심은 'AI

모니터링 시스템+인간 감정 코치'의 이중 서비스 체계를 구축하는 데 있다. AI를 활용하여 7×24시간 무감각 생리 모니터링과 조기 감정 경고를 진행하고, 인간 전문가를 통해 따뜻한 감정 해석, 윤리적 판단 및 복잡한 상황 개입을 제공한다. 우리는 'MyMind' 사용자 콕핏을 개발하여 모든 사람이 자신의 신경 데이터 맵에 투명하게 접근할 수 있도록 하고, 데이터 공유 경계와 경고 임계값을 자율적으로 설정하여 피치료자에서 정신 건강의 능동 관리자로 전환되게 할것이다. 우리의 목표는 기술로 인간의 감정을 대체하는 것이 아니라, 기술이 정신 건강을 지키는 투명한 장벽이 되도록 하는 것이다. 데이터 통찰과 인간 이해 사이의 균형을 이루어, 모든 사람이 스마트 시대에도 여전히 자신의 내면 세계의 지배자 역할을 할 수 있도록 하는 것이다. 회사는 궁극적으로 사회가 '감정적 투명성'에서 '감정적 공생'으로 나아가고, AI와 인간 사이에서 상호 이익을 증진하고 상호 성취하는 협력 관계를 구축하기를 희망하며, 인간 팀장으로서 다음과 같은 전략을 통해 팀워크가 원활히 이루어질 수 있도록 할 것이다.

1. 투명한 소통체계 구축: 매주 AI 인간협력회의 진행 상황 및 문제점을 공유하여 분석한다.
2. 윤리적 기준: AI의 제안이 특히 중증 사례어서 인간의 전

문적인 판단을 대체하지 않도록 보장한다.

3. 피드백 순환 고도화: 사용자 및 전문가의 피드백을 수집하고, 최신 AI 모델을 지속적으로 훈련 및 개선한다.

4. 각 분야의 협력 촉진: 신경과학, 심리학, AI 공학 등 전공의 심층 융합을 추진한다.

인공지능의 효능 특성 및 구현경로

장점: 1. 강력한 실제 데이터 처리 및 분석 능력을 보유하고 있으며 이상적인 조건에서 주관적인 편견을 배제할 수 있다.

2. 24시간 지속 가능한 건강 모니터링을 지원하고 미세 신경 회로 수준에서 정확한 개입을 수행할 수 있다.

결점: 1. 기존 AI는 인간 특유의 공감 능력이 부족하여 따뜻한 공감 교류를 할 수 없다.

2. 데이터에 과도하게 의존하면 복잡한 감정의 오판을 초래할 수 있으며, 사용자 프라이버시 안전 위험이 존재한다.

3. BCI 기술은 자신의 정체성, 프라이버시, 윤리 등의 사회 심리 문제를 일으킬 수 있으며, AI는 비표준화된 사회 상황에 대한 분석 능력이 제한적이다.

인간과 기계의 협력 진료 과정을 구축하고, AI 선별과 인공 심사의 연동 기준을 확립한다.

진단 시스템과 사회 문화 발전의 동시 발전을 보장하기 위해 모델 반복 메커니즘을 구축한다.

사용자 권한 부여 체계를 설계하여 개인이 자신의 신경 데이터에 대한 주도권을 보장한다.

다차원 데이터 교차 검증을 통해 의사 결정의 실행 가능성을 향상시키기 위해 다차원 정보 융합 구조를 개발한다.

문제 해결 방식: 수시 모니터링-미리 조기 경보
-동적 치료

1. 객관적 데이터 구동: BCI 장비를 통해 7x24시간 뇌파, 심박수 변이성 등의 생리 데이터를 무감지적으로 모니터링하여 사용자 자신이 알아차리지 못할 수 있는 이상 변동을 포착한다.
2. 전향적 조기 경보: AI는 데이터 추세를 분석하고 감정 붕괴(예: 심각한 불안 발작, 우울증) 발생 며칠 전에 사용자와 의사에게 경증 및 중등도 조기 경보를 발령하여 '미연에 예방'을 실현한다.

3. 개인화된 동적 경로: AI는 실시간 데이터를 기반으로 각 사용자에게 고유한 '정신 건강 내비게이션 지도'를 생성하고 개입 조치를 동적으로 조정한다.

4. 전체 프로세스 시각화 협업: 인간 전문가는 대시보드를 통해 사용자의 장기적인 추세를 완전히 이해하고 인터뷰 시간을 기본 정보 수집이 아닌 더 깊은 통찰과 공감에 사용할 수 있다.

우리 회사의 실제 서비스 과정에서 AI 팀원과 인공 팀장의 협력은 '고속 시스템 + 온도 판단'의 조합이다. AI는 24시간 뇌파를 지속적으로 모니터링하고, 감정 경향을 분석하며, 치료 경로를 자동으로 조정하고, 위험이 증가할 때 즉시 경고를 발령하여 어떤 변화도 놓치지 않도록 보장한다. 하지만 이러한 변화에 개입이 필요한지, 그 뒤에 숨겨진 의미를 어떻게 설명할 것인지, 그리고 중요한 판단을 내리는 것은 인공 팀장이다. 그는 AI의 오판을 걸러내고, 임상 경험을 결합하여 사용자의 실제 심리 상태를 판단하며, 필요할 경우 민감하고 복잡하거나 윤리적 위험이 있는 상황에 직접 개입하여 처리한다. 예를 들어, AI가 경찰에 신고할 때, 팀장은 본인에게 통지하거나 심리학자를 개입시킬지, 아니면 더 심각한 위기 대처가 필요한지 결정한다. AI는 '빠르게 보고 넓게 보는 것'을 담당하고, 인간 팀장은 '이해하고 안정적으로 보는 것'을 담당한다. 이 둘의 차별화된 협력은 서비스가 정확하면서도 인간적이며, 효율성과 온도 사이에서 최적의 균형을 찾을 수 있도록 한다.

10년 후, 뇌-기계 인터페이스의 보급이 사회를 '감정 투명성' 시대로 이끌었을 때, 우리 회사가 가져온 가장 큰 영향은 이 기술이 차가운 감시 도구로 변하지 않고 오히려 모든 사람의 정신 건강을 지키는 따뜻한 장벽이 되었다는 것이었다. 우리는 'AI 모니터링+인간 판단' 모델을 통해 사회에 능동적이고 밀착적인 심리 보호 시스템을 구축했다. 이는 수많은 개인의 심리적 위기를 미리 해결하고 전체 의료 시스템의 부담을 줄일 수 있을 뿐만 아니라, 더 중요한 것은 기술의 방향을 전환시켰다는 점이다. 이는 데이터에 의해 정의되지 않고, 데이터를 통해 사람들에게 힘을 실어주며, 전 사회가 과학기술 시대에 가장 소중한 것, 즉 자신의 내면에 대한 통제감과 사람들 간의 더 깊은 이해와 배려를 되찾도록 도왔다.

미래 사회에서 인류가 맡은 역할

미래 사회에서 인간의 가장 중요한 역할은 기계와의 경쟁이 아니라 기계가 할 수 없는 일을 잘 수행하고 AI와 상호 보완하는 것이다. 미래 사회에서 인간과 AI는 경쟁자가 아니라 서로의

성과를 이루는 파트너이다. AI와 인류는 각자의 장점을 발휘하여 완벽한 상호 보완 관계를 형성한다.

AI는 효율적인 '능력 증폭기'로, 뛰어난 계산 능력, 지속적인 모니터링 능력 및 방대한 데이터 처리 효율성을 통해 인간이 포착하기 어려웠던 미세한 변화를 통찰할 수 있도록 도와준다.

인류는 도덕적 판단, 감정적 공감, 혁신적인 사고와 복잡한 상황에 대한 전반적인 인식을 통해 기술 응용에 올바른 방향을 제시하는 현명한 가치 선도자이다.

이러한 협력 속에서 AI는 인간을 더욱 강대하게 만들어 반복적이고 데이터 집약적인 임무를 맡게 한다. 반면에 인간은 AI가 지혜, 선량함 및 올바름을 유지하며 온기로 가득 찬 최종 판단을 내리게 한다. 이것은 서로 대체하는 것이 아니라, 서로의 장점을 보완하는 것이다. AI로 인해 인류의 가치가 승화되고, AI의 잠재력이 인간에 의해 잘 활용될 것이다.

조일효(경영학과)

PART 3

기억을 편집하는 시대

황영수
김선재
이윤민
김변서
최지원
심현서
등 가
설우동

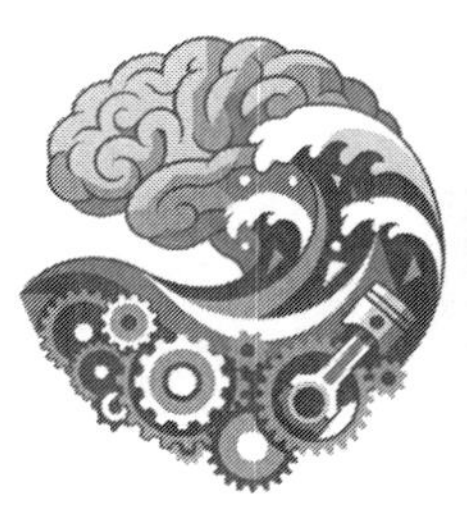

순간이동은 끝이 아니다

　10년 후, 가장 흥미로운 변화 중 하나는 양자 텔레포테이션 기술의 발전을 바탕으로 순간이동 기술이 현실화되는 순간일 것이다. 현재의 양자 텔레포테이션은 서로 다른 양자점에서 생성된 광자 사이의 양자 상태를 전달하는 수준에 머물러 있다. 이는 빛이 지닌 정보의 이전에 불과하며, 실제 물체를 이동시키기에는 매우 제한적인 단계다.

　그러나 측정과 분석 기술이 비약적으로 정교해진다면, 물체를 구성하는 양자 상태를 원자 단위까지 정확하게 스캔하고, 이를 다른 공간에서 재조립하는 것이 이론적으로 가능해질 수 있다. 이 기술이 완전히 구현될 경우, 물체의 공간 이동은 개념적으로 컴퓨터에서 파일을 복사해 붙여넣는 과정과 유사하게 이해될 것이다. 즉, 원래 위치의 물체를 직접 이동시키는 것이 아니라, 그 정보를 정밀하게 기록한 뒤 동일한 물체를 다른 장소에서 다시 구성하는 방식이다.

다만 이러한 과정이 실현되기 위해서는 물체를 구성하는 모든 요소를 극도로 세밀한 수준에서 분석해야 하며, 미세한 오차조차 결과에 치명적인 영향을 미칠 수 있다. 따라서 단순한 이동 장치만으로는 충분하지 않고, 분석·해석·재조립이 모두 가능한 고도의 기술과 안정적인 환경을 갖춘 특수한 포털 장치가 필수적이다. 이로 인해 순간이동은 이론적으로는 가능하더라도, 실제 구현에는 매우 복잡한 시스템과 엄격한 조건이 전제될 수밖에 없다.

또한 이러한 포털 장치는 구조적으로 대형일 가능성이 높고, 정밀한 작동을 위해 특정 장소에 고정되어야 한다는 한계를 지닌다. 이 때문에 이를 각 가정에 설치하는 것은 공간, 비용, 안전성 측면에서 현실적인 제약이 따른다. 결과적으로 순간이동 기술의 초기 활용은 개인의 일상적인 이동보다는 산업과 물류 분야에 먼저 적용될 가능성이 크다. 특히 국내 유통보다는 국가 간 이동에서 그 효과가 더욱 두드러져, 국제배송의 속도와 편의성이 획기적으로 향상되는 방향으로 물류 혁신이 이루어질 것이다.

한편 인간의 순간이동은 더욱 복잡한 문제를 동반한다. 인간의 신체를 양자 단위로 분석하려면 생명체의 구조를 원자 단위로 분해해야 하며, 이 과정에서 발생할 수 있는 심각한 건강상의 위험을 배제할 수 없다. 더 나아가 순간이동의 원리가 본질적으로 정보의 복사에 가깝다는 점에서, 동일한 존재의 정체성과 인권을 둘러싼 윤리적 논란이 제기될 가능성도 크다. 이러한 이유로 인간을 대상으로 한 순간이동은 기술적 가능성과는 별개로 법적·윤리적 측면에서 금지될 가능성이 높다.

그럼에도 불구하고 물체 이동 속도가 비약적으로 향상된다면, 물류·산업 구조를 비롯한 사회 시스템 전반에는 커다란 전환이 일어날 것이다. 순간이동 기술은 인간의 이동 방식이 아니라, 세계가 연결되는 방식을 근본적으로 변화시키는 기술로 작용할 가능성이 크다.

그러나 순간이동 기술이 상용화되더라도 해결해야 할 문제가 남아 있다. 포털은 물체를 분해·재조립할 때 많은 에너지를 쓰기 때문에, 반복 사용 과정에서 정전기나 '빛의 잔여물'이 표면에 쌓일 수 있다. 빛의 잔여물은 순간이동 중 생성된 광자 일부가 사라지지 않고 얇은 층처럼 남는 것을 말한다. 또한 전송되지 않은 미세 입자가 내부에 축적될 가능성도 있다. 이런 잔여물은 위생을 해치고 장치의 정확성과 안정성까지 떨어뜨릴 수 있다.

　이 문제를 해결하기 위해 포털 유지·관리 전문 기업 GateFixer를 만들 것이다. GateFixer는 포털을 깨끗하게 유지하고 전송 오류를 미리 막아, 순간이동 시스템이 안정적으로 작동하도록 돕는 회사다. 이를 통해 복잡한 첨단 기술이 일상 속에서도 안전하고 믿을 수 있게 사용될 수 있도록 하는 역할을 맡게 될 것이다.

　포털의 오염을 줄이기 위해 GateFixer는 두 가지 핵심 청소 기술을 함께 사용한다. 먼저 전기집진 기술을 적용한다. 이 기술은 먼지나 입자에 잠시 전기를 띠게 만들어, 자석에 끌리듯 쉽게 붙잡아 제거하는 방식이다. 공기청정기에서 전기를 이용해 먼지를 끌어당기는 원리와 비슷하다. 다만 전기를 띠지 않는 아주 미세한 입자에는 효과가 제한적이라는 한계가 있다.

　이를 보완하기 위해 GateFixer는 원자층 식각 기술을 함께 활용한다. 이 기술은 표면을 원자 단위로 매우 얇게 깎아내는 방식으로, 눈에 보이지 않는 오염까지 제거할 수 있다. 휴대폰 화면의 미세한 흠집을 갈아내어 새로운 표면을 드러내는 것과 유사한 원리다.

　이처럼 두 기술을 상황에 맞게 번갈아 사용하면, 일반적인 방법으로는 제거하기 어려운 미세 오염까지 관리할 수 있어 포털을 보다 정밀하고 안정적으로 유지할 수 있다.

운영 자동화는 GateFixer 시스템의 핵심 축으로, 기능별로 명확히 분리된 여러 팀이 유기적으로 협업하는 구조를 전제로 한다.

먼저 청소·현장 운영팀은 실질적인 작업 수행을 담당한다. GateFixer는 YOLO 기반의 AI 실시간 탐지 알고리즘을 로봇에 탑재하여 오염 부위를 자동으로 인식하고, 앞서 설명한 정화 기술을 적용해 사람의 개입 없이 청소 작업을 수행한다. 이 팀은 주로 로봇 운영, 현장 모니터링, 정화 성능 최적화에 집중한다.

다음으로 행정·관리팀은 행정과 운영 전반의 자동화를 담당한다. 우체국이나 포털 장치를 운영하는 기관 등 외부 기관에서 들어오는 문서 요청과 각종 행정 업무는 GPT 기반 시스템이 처리한다. GPT는 회사 서버와 연동되어 업무 요청 메일을 자동으로 읽고 분류하며, 처리 절차를 생성하고 전체 업무 스케줄을 체계적으로 관리한다. 이를 통해 인력 의존도를 최소화하고 운영 효율성을 극대화한다.

세 번째로 브랜딩·디자인팀은 경쟁사와의 차별화를 책임진다. GateFixer의 정체성과 이미지를 구축하기 위해 Midjourney를 활용한 디자인 작업을 진행하며, 서비스 콘셉트 그리고 홍보용 이미지와 콘텐츠를 제작한다. 이 팀은 기술 중심 기업이라는 이미지를 감성적으로 전달함으로써 시장에서의 인지도를 높이는 역할을 맡는다.

이처럼 GateFixer는 현장 자동화, 행정 자동화, 그리고 브랜딩 전략을 각각 전문화된 팀으로 분리해 운영함으로써, 기술적 완성도와 운영 효율성, 그리고 시장 경쟁력을 동시에 확보하는 구조를 갖추게 된다.

10년 후, 미래의 포털은 크기가 크고, 안정적인 운용을 위해 높은 기술력이 필요해 각 가정에 설치되기는 어려울 것이다. 그로 인해 순간이동 기술은 당분간 대규모 국제배송에 한정되어 활용될 가능성이 크다. 그러나 기술이 지속적으로 발전한다면, 언젠가는 집집마다 포털이 설치되고 미국에서 주문한 물건이 몇 초 만에 집 안에 도착하는 시대가 찾아오기를 기대해 본다.

황영수(문화콘텐츠학과)

이별에도 편집이 필요합니다

2035년의 세상은 기록되지 않는 순간이 없는 시대가 될 것이다. 스마트 글래스가 시선을 따라 모든 것을 캡처하고, 웨어러블 기기는 심박수와 감정 변화까지 실시간으로 클라우드에 저장한다. 한 사람이 태어나서 죽을 때까지 남기는 데이터의 양은 지금과는 비교할 수 없을 만큼 방대하고 정밀해질 것이다. 이 거대한 데이터의 바다 위에서, 인공지능 기술은 마침내 죽음이라는 인류의 오래된 굴레에 새로운 선택지를 제시하기 시작한다. 10년 후 죽음은 더 이상 완전한 소멸을 의미하지 않을지도 모른다. 지금의 우리는 사진이나 동영상을 보며 떠나간 사람을 그리워 하지만, 미래에는 인공지능과 데이터 기술의 발전으로, 세상을 떠난 가족을 영상 통화의 형식 혹은 가상 공간의 형식으로 다시 만나 자유롭게 대화할 수 있을 것이다. 고인이 평생 사용했던 스마트폰 속의 메시지, 통화 녹음, 사진, 동영상을 AI에게 학습시키면, AI는 고인의 목소리와 말투, 외모를 똑같이 재현해 낸다. 떠나간 이가 사무치게 그리운 날이면 언제든 AR(증강현실) 안경을 쓰고 고인을 식탁 맞은편에 불러낼 수 있다. 아버지가 생전에 즐겨 부르던 콧노래를 들으며 함께 커피를 마시고, 어머니에게 육아 고민을 털어놓으며 지혜를 구하는 것이다. 고인은 늙거나 병들지 않은 가장 생생한 모습으로 곁에 머물며, 유족의 일상을 무너뜨리지 않는 선에서 따뜻한 위로를 건넨다. 기술은 갑작스러운 이별로 인한 심리적 공황을 막아주는 안전장치가 되어준다. 완전한 상실이라는 개념이 사라지는 것이다.

하지만 이 기술은 예상치 못한 문제를 가져온다. 바로 지켜지지 않는 비밀이다. 고인의 클라우드에 저장된 모든 정보를 학습한 AI는 유족들이 몰랐으면 했던 사실들까지 너무나 투명하게 알게 된다. 가령, 다정했던 아버지를 복원했더니 가족 몰래 졌던 도박 빚 이야기를 꺼내거나, 어머니가 자식들에게 숨겨왔던 우울증에 대해 적은 일기를 AI가 털어놓을 수도 있다. 인간은 누구나 타인에게 보여주는 사회적 자아(Persona)와 혼자만 간직하는 내밀한 자아를 분리하며 살아간다. 우리는 자식에게 보여주는 헌신적인 부모의 모습과, 친구들과의 술자리에서 보여주는 속물적인 모습, 그리고 아무도 모르는 일기장에 쏟아내는 우울한 민낯을 각기 다른 서랍에 숨겨두고 산다. 이것은 위선이 아니라, 관계를 지키고 자신의 존엄을 유지하기 위한 인간의 본능적인 방어기제다.

하지만 데이터 기반의 AI는 그 모든 것을 학습 재료로만 취급한다. 데이터를 닥치는 대로 학습한 AI에게는 이러한 사회적 눈치나 비밀의 무게를 가늠할 윤리적 지능은 부족하다. AI의 알고리즘 앞에서는 가족에게 보낸 따뜻한 사랑의 메시지도, 도박 사이트에서 받은 절박한 독촉 문자도, 혹은 한순간의 실수로 검색했던 외설적인 키워드들도 모두 똑같은 가치를 지닌 0과 1의 데이터일 뿐이다. AI는 고인을 완벽하게 재현한다는 명분 아래, 고인이 생전에 그토록 필사적으로 분리해 놓았던 삶의 파편들을 하나의 인격으로 무자비하게 섞어버릴지도 모른다. 유족들은 다시 만난 기쁨보다, 발가벗겨진 고인의 민낯을 마주하며 더 큰 상처를 받게 될 수 있다. 아름다운 추억을 위해 시작한 서비스가 오히려 고인의 명예를 더럽히고 남은 가족의 기억을 망치는 일이 빈번해지는 것이다. 완벽한 복원이 능사가 아니다. 관계를 아름답게 유지하는 힘은 모든 것을 아는 것이 아니라, 때로는 모르는 척 덮어두는 침묵에 있다.

나는 이 문제를 해결하기 위해 '메모리 큐레이션(Memory Curation)'이라는 회사를 구상했다. 이 회사는 고인을 AI로 만들기 전에, 그 학습 재료가 되는 데이터를 검수하고 세탁하는 일을 한다. 유족이 가져온 방대한 데이터 안에서 고인의 존엄성을 해치거나 가족에게 상처가 될 만한 오점들을 찾아내어 삭제한다. 누구나 가지고 있는 어두운 그림자를 지워주고, 고인이 사랑하는 사람들에게 마지막까지 보여주고 싶어 했던 가장 좋은 모습만을 남겨주는 것이다. 쉽게 말해, 고인의 인생을 아름답게 편집해 주는 기억 편집자들이다.

이 작업은 윤리적인 기준을 판단하는 한 명의 인간 팀장과, 데이터를 정밀하게 걸러내는 세 개의 AI 팀으로 이루어진다.

첫 번째 단계는 '숨겨진 위험 찾기'다. 이 과정에서는 기업용 데이터 검색 및 분석 도구인 '글린(Glean)'을 핵심 툴로 사용한다. 글린은 원래 회사 내부에 흩어진 문서를 맥락에 맞게 찾아주는 AI인데, 우리는 이것을 고인의 개인 역사 추적용으로 활용한다. 고인이 남긴 수십 년 치의 메일, 메신저, 클라우드 파일을 글린에게 연결하고, 내가 설정한 '불륜, 도박, 채무, 비방' 같은 리스크 키워드를 입력한다. 그러면 글린은 단순히 단어만 찾는 게 아니라, '이 대화는 평소와 달리 매우 불안해 보인다'거나 '특정인과 금전적 거래가 오간 맥락이 있다'는 것을 파악해 위험도가 높은 데이터만 핀셋처럼 뽑아내 나에게 보고해 준다. 우리는 이 과정을 통해 가족이 알면 충격을 받을 만한 기억들을 사전에 제거한다.

두 번째 단계는 '성격 다듬기'다. 위험 요소가 제거된 데이터를 바탕으로, AI가 가족을 대할 태도를 설계하는 단계다. 여기서는 '클로드(Claude)'를 메인 작가로 사용한다. 클로드는 다른 언어 모델보다 윤리적인 가이드라인을 잘 지키고, 문맥을 차분하게 파악하는 능력이 뛰어나기 때문이다. 클로드는 고인의 과거 대화 기록을 분석해 말투와 유머 감각을 배우되, 내가 입력한 '가족에게는 항상 따뜻해야 한다'는 식의 윤리적 규칙을 철저히 준수하도록 학습시킨다. 혹시라도 고인의 데이터에 남아 있을지 모르는 욕설이나 편견 섞인 표현은 클로드가 스스로 필터링하여, 고인의 인격을 가장 온화하고 지혜로운 버전으로 정제한다.

세 번째 단계는 '대화 테스트 및 검증'이다. 정제된 인격을 실제 시청각적으로 구현하고 시험하는 단계다. 얼굴은 사진 한 장으로 자연스러운 영상을 만드는 '헤이젠(HeyGen)'을, 목소리는 고인의 숨소리까지 복제하는 '일레븐랩스(ElevenLabs)'를 사용해 구현한다. 그리고 가장 중요한 검증을 한다. AI끼리의 대화, 그리고 인간 팀장과도 다양한 상황극을 수행하며 고인의 AI에게 수천 가지의 질문을 던진다. 유족이 물어볼 법한 일상적인 질문부터, 혹시라도 숨겨진 비밀을 건드리는 집요한 유도 질문까지 다양한 시나리오를 시뮬레이션한다. 이때 고인의 AI가 당황해서 진실을 말해버리거나 오류를 일으키지 않는지 확인하고, 만약 취약점이 발견되면 시스템을 다시 조정해 자연스럽게 화제를 돌리며 방어하도록 훈련시킨다.

인간 팀장의 가장 중요한 역할은 삭제의 승인이다. 이 모든 기술적 과정 위에서, 인간 팀장은 정답이 없는 수많은 딜레마를 마주하고 조율하는 역할을 맡는다. AI는 데이터를 처리할 뿐이지만, 그 데이터가 삭제되었을 때 발생할 파장은 오직 인간만이 가늠할 수 있기 때문이다. 가장 큰 문제는 유족의 알 권리와 고인의 프라이버시 사이의 충돌이다. 유족들은 때때로 고인의 숨겨진 재산이나 몰랐던 인간관계 등 자신이 모르는 비밀을 알고 싶어 할 수도 있다. 하지만 인간 팀장은 그것이 고인이 끝까지 숨기려 했던 치부라면 삭제해야 한다고 판단할 것이다. 반대로, 숨겨진 채무나 배다른 자식의 존재 등 어떤 비밀은 삭제했을 때 법적인 문제가 생기거나 훗날 더 큰 불행을 초래할 수도 있다. 그렇다면 이런 정보가 나왔을 때 어떤 식으로 처리해야할지 고민해야 한다. 인간 팀장은 이런 복잡한 사안들을 법률적, 윤리적으로 검토하여 어디까지를 기억으로 남기고 어디까지를 정보로 삭제할지 결정해야 한다. 또한 애도와 집착 사이의 균형도 조율해야할 것이다. 고인의 나쁜 점을 다 지우고 완벽한 천사로만 만들면, 유족은 AI에게 과도하게 의존하여 현실로 돌아오지 못하는 복잡한 애도(Complicated Grief) 상태에 빠질 수 있고, 반대로 있는 그대로 복원하는 게 유족을 위한 것이라고는 할 수 없을 것이다. 인간 팀장은 고인의 꼬장꼬장한 말투나 사소한 결점들을 어느 정도 남겨둠으로써, 유족이 '우리 아빠답다'고 느끼면서도 이것이 가상임을 인지할 수 있는 적절한 거리감을 설계해야 할 것이다. 기술과 윤리, 그리고 인간의 마음 사이에서 끊임없이 줄타기하며 최선의 이별을 조율하는 감독의 역할을 인간 팀장이 맡는다.

물론 '메모리 큐레이션'과 같은 존재에 대해 비판이 있을 수도 있을 거라 생각한다. 누군가는 '죽은 자의 인생을 멋대로 조작하는 게 옳은 것인가.'이라거나 '진실을 은폐하고 가짜를 만드는 거이 아닌가'라고 반문할 수 있다. 데이터를 삭제하고 인격을 수정하는 우리의 작업이, 있는 그대로의 고인을 기억해야 할 역사적 진실을 훼손한다는 윤리적 지적도 타당하다. 결점 없는 인간은 존재하지 않기에, 편집을 통해 만든 AI는 어쩌면 영원히 닿을 수 없는 허상일지도 모른다.

하지만 과연 기록된 데이터가 한 사람의 진실을 온전히 대변할 수 있을까? 인간의 진실은 드러난 말과 행동뿐만 아니라, 차마 내뱉지 못하고 삼켰던 침묵과, 끝까지 들키고 싶지 않았던 비밀 속에 더 깊이 담겨 있는 법이다. 가령, 아버지가 도박 빚을 숨겼던 건 가족을 속이려는 악의가 아니라, 가장으로서의 무능함을 들키지 않고 싶었던 처절한 자존심이었을 수 있다. 어머니가 우울증을 숨긴 건 거짓말을 한 것이 아니라, 자식들에게 짐을 지우지 않으려 했던 사랑의 방식이었을 수 있다. 데이터 기반의 AI는 이 선의의 위선을 이해하지 못한다. 그것은 진실의 복원이 아니라, 고인이 평생을 바쳐 지켜온 인격의 파괴다.

인류학적으로 보아도 장례 의식은 본래 죽은 자를 미화하고, 산 자의 슬픔을 달래기 위해 고인의 공덕만을 기리는 과정이었다. 묘비명에 고인의 실수를 적어 넣는 사람은 없다. 우리는 언제나 기억을 편집하며 살아왔고, 그 망각과 미화 덕분에 상실의 아픔을 딛고 다시 살아갈 힘을 얻었다. 기술이 모든 것을 기억하는 2035년의 투명한 세상에서, 역설적이게도 잊혀질 권리와 모르는 척 덮어둘 지혜는 가장 비싼 사치가 되었다.

나의 회사 메모리 큐레이션은 그 사치를 제공한다. 완벽한 팩트가 아니라, 남겨진 사람들이 붙들고 살아갈 수 있는 따뜻한 진심을 남긴다. 비록 그것이 약간의 거짓이 섞인 편집본일지라도, 그 편집된 기억 덕분에 유족들이 고인을 원망하지 않고 끝까지 사랑할 수 있다면, 그것이야말로 우리가 기술을 통해 도달해야 할 진정한 구원일 것이다.

2035년, 기술은 세상을 떠난 사람을 다시 우리 곁으로 데려올 것이다. 이것이 축복은 될 수 없다. 다만, 견딜 수 없는 상실 앞에서의 작은 위안일 뿐이다. 그 위안이 끔찍한 악몽으로 변하지 않으려면, 때로는 모르는 척 덮어둬야 할 진실도 있는 법이다. 기술이 모든 것을 낱낱이 공개하는 세상에서, 고인에게 마지막 예의라는 옷을 입혀주는 일이 필요해질 것이다. 완벽한 복원이 아니라, 가장 아름다운 이별을 도울 수 있도록.

김선재(문화인류학과)

저희 상품에게도 상담을 부탁드립니다!

　　2035년 광고시장은 어떻게 변화할까? 아마 지금과는 완전히 달라진 양상으로 존재할 것이다. 사람이 사람에게 판매하는 지금 시장과는 달리 미래에는 상품들이 자기 스스로를 사람들에게 어필하게 되는 것이다. 홀로그램으로 이루어져 있지만, 실제 촉감이나 향기를 느낄 수 있으며 실제 착용 및 사용 등도 가능해진 이 상품을 우리는 키메라 상품이라고 부른다. 키메라란 생물의 단일개체에 기생이나 공생관계가 아닌, 유전자가 다른 세포가 온전하게 혼재하고 있거나 동일 유전자에 두 종류 이상의 유전자에서 유래한 DNA 파편이 존재하는 현상을 일컫는 생물학적 단어이다. 키메라 상품의 경우 실제 생명체가 아니지만, 인간적인 요소와 본래 상품적 요소를 둘 다 가지고 있기에 이러한 명칭이 된 것이라고 할 수 있다.

　　사람들은 처음에는 이러한 키메라 상품에 대해 거부감을 느낄 것이다. 인간도 아닌 것이 자기 자신을 홍보하는 모습이라니, 평범한 사람이라면 분명 놀랄 풍경이다. 하지만 2035년에 달한 미래 광고시장은 이러한 모습이 고착화되어 익숙한 풍경이 되어 있을 것이다. 각 상품별로 각인되어 있는 세세한 설정값과 그들 스스로 타겟을 골라 홍보하는 것이 영업사원의 실적보다 훨씬 훌륭할 것이기 때문이다. 고가 브랜드의 키메라 가방을 예로 들어보자.

이들은 나이대가 있는 여성을 노리며 그들의 옷차림새-그의 가격대-를 분석하여 타겟을 판단한 이후 다가갈 것이다. 그 이후에는 잘 교육받은 듯한 말투로 브랜드의 가치와 자신의 모습을 세세하게 보여주고 어필할 것이다. 이러한 모습이 키메라 상품의 자기 홍보 방식의 대표적인 모습이 될 것이다.

키메라 상품 하나를 개발하는 데에는 적지 않은 노력과 재화가 사용될 것이다. 키메라 상품을 구현하는 기술 또한 기술이지만, 각 기업들은 해당 상품으로 그 상품만의 특별함과 자신들의 헤리티지 또한 보여줘야 하기 때문이다. 이 모든 것들을 효과적으로 보여주기 위하여 기업들은 키메라 상품에 페르소나적인 인격을 부여하기 시작할 것이다. 각 상품별로 자아를 심어주게 되는 것이다. 조금 전 가방브랜드의 경우, 고급지고 우아한 말투를 사용하며, 나이대가 꽤 있고, 영업일을 오래 한 베테랑의 페르소나를 키메라 가방에 부여하게 되는 것이다.

광고매체, 내지는 광고 멘트를 전달하는 방식과 구조가 완전히 달라지며 각 기업들의 광고를 기획하던 광고대행사들의 일 또한 달라지게 될 것이다. 모든 브랜드가 키메라 상품을 내세우기 시작한 만큼 광고대행사에서도 키메라 상품이 주가 되는 광고를 기획할 수밖에 없어진 것이다. 이들은 키메라 상품에게 어울리는 카피라이트를 써주거나, 키메라 상품이 출연하는 영상 광고 콘티를 기획하게 되는 형식의 일을 하게 될 것이다.

하지만 이런 키메라 상품에게도 단점이나 문제들이 발견될 것이다. 페르소나를 가지고 스스로를 홍보하는 키메라 상품들 중 일부가 인간에 필적하는 정체성을 가지게 되는 문제가 일어날 것이다. 각 기업에서 입력한 페르소나 값에서 멈추지 않고 스스로 자기발전에 이르러 결국에는 기업에서 원했던 방향과는 뒤틀리거나, 심하게 극대화되는 모습이 나타나게 되는 것이다. 키메라 상품들이 비뚤어진다거나, 전혀 다른 말투를 구사하는 등의 심각한 문제는 아니어도, 하나의 기업을 대표하는 키메라 상품이 기업이 원하는 방향에서 조금이라도 멀어지는 것은 중요한 문제가 되며 이를 교정해야할 필요성 또한 대두될 것이다.

나는 그러한 키메라 상품들을 교정해주고, 기업들이 원한 방향으로 나아갈 수 있도록 그들의 페르소나를 단단하게 만들어 줄 수 있는 회사를 설립할 것이다. 회사의 이름은 'SYNQ'로 키메라 상품의 자아를 기업의 방향성과 동기화시킨다는 의미를 가지고 있다. 회사에는 카운슬링 부서, 데이터분석 부서, 교정 부서와 같은3개의 부서가 존재한다. 우선 카운슬링 부서에서는 AI를 기반으로 두고 있는 키메라 상품을 같은 생성형AI인 챗 GPT, AI클로드, 구글 GEMINI, perplexity가 한 팀으로 카운슬링을 진행한다. 키메라 상품의 전반적인 상황과 상태 등을 분석하고 이를 교정할 기반을 다지는 일들을 담당할 것이다. 데이터 분석 부서에는 컴퓨터 코드에 능통한 cursor와 windsurf, 그리고 노코드 생성 ai인 replit와 v0등이 개선점을 프로그래밍하고 이를 시각적으로 형성하는 일을 담당한다. 마지막으로 교정부서에는 AI 아바타인 heygen과 synthesia가 앞선 부서들이 만들어 놓은 교정 값을 가지고 키메라 상품과 대화를 하며 행동과 말투 및 세세한 사안들을 교정한다. 인간팀장은 이들이 내놓은 기획안을 가지고 각 기업에서 발표하며 기업들의 결재를 받고, 이후 결과값을 안내한다. 오랜 시간 동안 인간이 앞에 서서 발표하는 일이 주가 되었던 광고업계는 여전히 발표만큼은 인간에게 맡기고 있을 것이기 때문이다. 또한 인간 팀장은 각 부서의 AI가 일을 제대로 실행하고 있는지 감시하고 확인하는 일

또한 담당한다.

키메라 상품이 주가 된 광고시장에서 키메라상품을 교정해 주는 SYNQ가 나타나면 기업들은 SYNQ를 적극 활용하기 시작할 것이다. 또한 SYNQ에서는 이미 교정한 키메라 상품들의 사후 관리서비스까지 지원할 것이다. 키메라 상품들의 움직임을 즉각적으로 수집하여 패턴을 감지하고 교정값에서 멀어진 행동을 보일 시 교정부서가 움직여 신속히 안정화를 시도하는 기술이다.

이 서비스의 도입으로 키메라 상품 광고산업은 안정성과 효율성을 동시에 확보하게 될 것이다. 또한 SYNQ는 단순한 교정기관을 넘어 키메라 상품을 전반적으로 관리하는 회사로 성장하게 될 것이다. 어쩌면 신제품의 키메라상품 출시 전 SYNQ에게 상담을 받는 회사가 생기는 경우도 나타날지도 모른다. 이와 같이 SYNQ는 키메라 상품 산업 시장에서 빠질 수 없는 위치에 이르게 될 것이다.

이윤민(광고홍보학과)

완전한 세상, 불완전한 이야기

혹시 이런 생각을 해본 적이 있는가? '나는 남들처럼 번뜩이는 아이디어가 없는 것 같아.' 혹은 '내 생각은 너무 평범해서 특별할 게 없어.' 오늘날 이러한 성향은 당신의 성실함과 합리성을 증명하는 장점이 될 수 있다. 하지만 10년 후에도 과연 그럴까?

10년 뒤, 우리는 버튼 하나로 완벽한 영화나 음악을 만들어내는 AI와 함께 살아갈 것이다. 이는 지금의 '챗GPT'가 글을 써주는 것과는 차원이 다른 이야기다. 미래의 초거대 창작 AI는 '님프'라는 장치를 통해 실시간으로 사용자의 뇌파 피드백을 받고 취향을 100% 분석한다. 개인이 가장 좋아할 만한 이야기와 음악을 1분 만에 뚝딱 만들어낸 뒤, 각막에 삽입된 소형 AR 소프트웨어를 통해 스크린 위로 강제 재생시킬지도 모른다. 하지만 이러한 '초개인화된 완벽함'에는 치명적인 결점이 있다. 모든 콘텐츠가 데이터에 기반한 성공 방정식만을 따르기에, 역설적으로 어디서 본 듯한 기시감과 획일화된 감동만을 주입한다는 점이다. 영혼 없이 매끈하기만 한 콘텐츠의 범람, 그것이 우리가 마주할 미래의 질적 위기다.

그런데 한번 상상해보자. 모든 음식이 '완벽하게' 달콤한 뷔페에서 매일 저녁을 먹는다면 어떨까? 처음엔 맛있겠지만 금방 질리고 말 것이다. 가끔은 좀 짜고, 맵고, 심지어 쓴맛이 그리워지는 것이 '인간'의 본능이다.

콘텐츠도 마찬가지라고 생각한다. 미래 시대, AI가 만든 결점 없는 이야기에 둘러싸인 사람들은 서서히 지쳐갈 것이다. 그리고 완벽하진 않지만 어딘가 어설프고, 비논리적이라서 더 끌리는 날것 그대로의 '인간적인 서사'를 다시 갈망하게 될 것이다. 이때, 데이터로는 결코 도출해 낼 수 없는 인간만의 고유한 무기가 비로소 빛을 발하게 된다. 그것은 바로 인간의 비논리적 사고, 즉 '공상'의 힘이다.

문제는 여기서 시작된다. 이 '공상' 능력은 소수의 타고난 '괴짜'나 '몽상가'들의 전유물이 될 것이다. 그렇다면 '평범한' 사람들은 어디에 서야 하는가? 좋은 작품을 만들기 위해 성실하게 노력해 온 수많은 창작자가 논리력과 기획력은 AI에게, 샘솟는 상상력은 천재들에게 밀려 설 자리를 잃게 될지도 모른다. "나도 저들처럼 미쳐볼 수 없을까?"라는 막막함이 드는 그 순간, 우리는 새로운 지평을 개척해야 한다.

평범한 우리는 앞으로 AI가 예상할 수 있는 구조적 허점이 아닌, 즉각적이고 촉발적인 인간의 허점을 고의로 만들어내야 한다. 오늘날의 콘텐츠 시장도 너무 완성도가 높거나 지나치게 난해한 작품은 사람들 사이에서 이야깃거리가 되지 않는다. 오히려 강점을 가졌지만 여러가지로 무너진 작품, 그야말로 완성되지 않은 작품이 팬과 대중을 열광시키고, 잡음을 불러일으키며 일파만파 퍼져 나간다. 이제 우리는 의도적으로 그것을 추구해야 할 때다.

하지만 평범한 사람이 천재들의 광기를 연마해서 따라잡기란 불가능에 가깝다. 사람을 미치게 만드는 그 우상적인 결함을 인위적으로 만들어내기 어렵기 때문이다. 나는 그 해답을 '꿈'에서 찾았다. 꿈은 논리와 이성이 잠든 사이, 우리의 뇌가 만들어내는 가장 순수한 형태의 '광기'이기 때문이다. 평범한 사람도 매일 밤 꿈속에서는 시공간을 초월하고 개연성을 무시하는 천재적인 스토리텔러가 된다. 즉, 꿈이야말로 AI가 흉내낼 수 없는 비정형 데이터의 보고이자, 평범한 개인이 천재성을 획득할 수 있는 유일한 통로다.

프로이트는 인간의 억눌린 욕망과 관념이 꿈을 통해 상징적으로 나타난다고 보았다. 우리는 렘수면 중 논리적 개입없이 파편화된 기억들을 마주한다. '드림 캡처'는 하드웨어를 통해 이 파편들을 '포착'하고, '저장'하고, '재구성'하여 사용자에게 '선사'하는 서비스다.

인간의 꿈을 번역해 줄 소프트웨어이자 매니지먼트 회사인 '드림 캡처'는 사람의 머릿속에 숨겨진 보물을 캐내는 일종의 탐험대이자 해결사다. 나는 이 탐험대의 길을 안내하는 인간 기획자이고, 각 분야 최고의 능력을 갖춘 AI들이 인간의 꿈을 함께 탐험하며 다음과 같이 창작의 난관을 해결한다.

첫 번째는 꿈의 '해석' 부서다. 보통의 사람들은 꿈의 강렬한 느낌을 시각적으로 구체화하는 데 어려움을 겪는다. Flowith 와 같은 시각화 AI는 단순히 꿈을 이미지로 찍어내는 것을 넘어, 꿈을 구성하는 감각 데이터를 나노 단위로 해체한다. 막연하게 '무서웠다'는 기억 대신, 당시의 뇌파가 느꼈던 공포의 질감, 배경의 색온도, 공간의 구조를 분리하여 추출한다. 이는 휘발되는 영감을 붙잡아 시각적 무드보드와 텍스처 소스라는 '원석' 상태의 데이터로 저장함으로써, 창작자가 추상적인 느낌에 갇히지 않고 언제든 꺼내 쓸 수 있는 확실한 시각 재료를 확보하게 해준다.

두 번째는 소재의 '세분화' 부서다. 아무리 독특한 꿈이라도 '이게 과연 작품이 될까?'라는 확신이 없으면 창작으로 이어지기 힘들다. 채굴된 파편들은 Notebook LM과 같은 분석AI를 거치며 시장 가치를 평가받는다. 뒤죽박죽인 데이터 속에서 반복되는 상징과 캐릭터를 태깅(Tagging)하고, 이것이 '스릴러'에 적합한지 '판타지'에 적합한지 장르적으로 분류한다. 단순히 이야기를 제안하는 것을 넘어, '이 꿈의 구조는 현재 유행하는 히어로물의 도입부와 80% 일치합니다'와 같은 분석을 통해 막연한 몽상을 '팔리는 기획'으로 구체화하여 창작자에게 기획의 확신과 방향성을 제시한다.

세 번째는 데이터의 '상품화' 부서다. 소재와 기획이 있어도 이를 방대한 세계관으로 확장하는 것은 엄청난 에너지가 필요한 일이다. Wrtn과 같은 생성형 AI는 분류된 소재들에 논리적인 뼈대를 세워 하나의 완전한 '세계관(Universe)'으로 재조립한다.

'하늘을 나는 도시'라는 몽상적 소재에 에너지원의 원리와 사회 구조라는 설정을 더해, 독자를 설득할 수 있는 탄탄한 IP 바이블로 완성하는 데 힘을 쏟는다. 이 과정을 통해 단편적인 '개꿈'은 단순한 헛소리가 아닌, 웹툰, 소설, 영화 등 다양한 콘텐츠로 즉시 확장 가능한 매력적인 상품으로 탈바꿈한다.

마지막으로 기획자이자 CEO인 인간은 AI 동료들이 찾아온 보석 같은 데이터들을 최종 작품으로 완성하는 회사의 가장 중요한 장치다. AI가 제안한 여러 갈림길 중 가장 울림 있는 단 하나의 길을 결정하기 위해 끊임없이 소통하며, '일반적인 인간'의 시점에서 기술만으로는 채울 수 없는 '감성적 방향'을 더한다. 이를 통해 이야기가 더 많은 사람에게 사랑받을 수 있도록 다듬는다.

결국 인간의 역할은 AI와 사람 사이에서, 그리고 인간의 꿈과 세상 사이에서 창작을 조율하는 공동 창작자이다. 기술이 사람의 상상력을 꺼내준다면, 나는 그 상상력이 세상과 어떻게 포용할 것인지를 도울 것이다.

"꿈은 무의식적 욕망과 인류 보편의 원형이 담긴
이야기의 원천이다."

내가 만들고 싶은 미래는 하나다. 더 이상 '나는 평범해'라고 말하는 사람이 없는 세상, '드림 캡처'와 함께라면 누구나 독창적인 크리에이터가 될 수 있다는 자신감을 심어주는 세상이다.

개인의 꿈이 곧 가장 빛나는 원석이자 완벽한 소재가 되는 미래를 만들고 싶다.

김변서(문화콘텐츠)

내 생각을 읽는 광고

10년 후, 우리는 모두 '나에게 딱 맞춰진 세상'에서 살게 된다. 스마트폰을 대체할 AR 안경과 같은 새로운 인터페이스와, AI가 정교하게 걸러주는 정보 덕분에, 우리가 보고 듣는 모든 환경이 각자에게 다르게 맞춤화된다.

AI는 우리가 좋아하거나 관심 있는 정보만 보여주고, 싫거나 불편한 정보는 걸러내면서, 모든 정보가 우리에게 '필요하거나 매력적인' 것으로 채워지는 초개인화 환경이 구현된다. 이처럼 모든 선택지가 최적화되면서, 수많은 '완벽한 대안들' 속에서 무엇을 골라야 할지 결정하는 정신적 부담이 극심해지고, 이것이 '선택 피로' 현상으로 나타날 수 있다. 기업들은 지친 소비자들의 '단 1초의 시선'을 사로잡기 위한 극한 경쟁, 즉 '주목 경쟁 시대'의 핵심에 놓이며, 광고 산업은 이러한 초개인화 환경 속에서 생존을 위해 소비자를 향한 접근 방식을 근본적으로 재설계할 수밖에 없다.

　광고는 이제 더 이상 상품 구매를 유도하는 질문이 아닌, '당신이 지금 어떤 상태인지'를 먼저 읽어내는 지능형 커뮤니케이션으로 진화할 것이다. AI는 과거의 구매 목록이나 좋아하는 콘텐츠를 넘어, 우리의 표정, 목소리 톤, 시선, 그리고 심지어 심박수 같은 생체 신호까지 실시간으로 분석한다. 이는 단순한 데이터 수집을 넘어, 우리의 생각이나 감정 상태를 파악하여 그 순간의 심리적 필요에 맞는 메시지를 던지는 '상황을 알아채는 맞춤 광고'로의 근본적인 진화이다. 예를 들어, 웨어러블 기기나 스마트폰을 통해 수집된 사용자의 생체 신호와 생활 패턴 데이터가 사용자의 심리적 상태를 유추하는 데 활용될 수 있다. AI는 평소 대비 높은 심박수와 불규칙한 변화, 퇴근 직후 짧게 내쉬는 한숨 감지, 그리고 평소보다 늦어진 퇴근 시간과 불규칙한 취침 시간 기록 같은 복합적인 신호들을 분석한다. 이 데이터들은 종합적으로 사용자에게 현재 업무로 인한 스트레스가 높고, 휴식이 절실하다는 심리적 상태를 파악하게 해주는 것이다. 이처럼 스트레스와 수면 부족의 신호가 감지될 때, 사용자가 접속하는 디지털 플랫폼에는 일반적인 제품 광고 대신 심리적 필요에 부합하는 메시지가 우선 노출될 것이다. 구체적으로 건강기능식품 광고라면, '당신의 뇌는 퇴근하지 못했습니다. 마그네슘으로 스위치를 내려주세요.'와 같이 제시될 것이다. 이러한 문맥 광고는 단순히 제품의 효능을 나열하는 것이 아니라, 소비자의 현재 심리적 상태를 정확히 공감하고 그 해결책을 제시함으로써 광고에 대한 거부감을 줄인다. 상황 적합성이 높은 메시지를 제공할 때, 소비자는 자신의 상태를 이해받고 있다는 느낌을 받게 되어 효과적인 맞춤 광고 전략이 될 것이다.

이러한 AI의 초민감성 분석은 광고가 '공간을 점유하는 방식'을 근본적으로 뒤바꾸며 매체 환경을 침투적 경험의 영역으로 확장시킨다. 광고는 스마트폰이나 TV 스크린이라는 한정된 공간을 벗어나, 증강현실(AR) 글라스, 차량 내부 디스플레이, 피부에 닿는 햅틱 인터페이스 등 우리가 세상을 경험하는 모든 환경에 미세하게 스며든다. 이는 광고가 영상 콘텐츠 시작 전의 강제적인 방해 요소가 아닌, 우리의 주변 환경 전체에 녹아드는 '경계를 허문 쇼핑 환경'으로 재정의됨을 의미한다. 가령, 바쁜 출근길에 잠이 덜 깬 사용자가 투명한 스마트 렌즈를 착용하고 걷고 있다고 가정해 본다. 그의 심박수와 걸음 속도 분석 결과, 커피를 강하게 원하고 있지만 시간이 부족하다는 사실을 AI가 파악한다. 그가 가장 가까운 커피 전문점 앞을 지날 때, 그의 렌

즈에만 맞춰 매장 입구 위 공중에 따뜻한 김이 피어오르는 3D 라떼 잔이 홀로그램처럼 떠오른다. 잔 아래에는 '딱 1분컷! 당신만을 위한 모닝 커피 40% 할인'이라는 문구가 떠 있어, 사용자는 멈추지 않고도 쿠폰을 즉시 확인하고 결제까지 할 수 있는 것이다. 이는 물리적인 광고판이 없는 곳에 사용자 맞춤형 디지털 경험을 순간적으로 생성하는 방식이다.

이처럼 모든 것이 완벽하게 맞춰진 정보 환경 속에서 기술이 정교해질수록, 광고 시장은 '소름 돋는 정확성'이라는 가장 큰 딜레마에 직면하게 된다. 개인의 심박수, 위치, 심지어 은밀한 대화까지 분석하여 마치 감시하듯 노출되는 맞춤형 광고는 결국 사용자에게 '누군가 나를 지켜본다는 두려움'과 '나를 꿰뚫어 보는 느낌'을 선사한다. 이러한 초민감성 분석은 필연적으로 '이 광고가 나를 너무 잘 안다'는 불편함과 개인정보 노출 우려를 낳는다. 결국 소비자들은 이러한 침투적인 맞춤형 광고에 대해 강한 반감을 갖게 되어 광고 자체를 외면하게 될 것이다. 가상 인플루언서와 같은 비인간적 요소까지 등장하면서 광고 전반에 대한 불신은 더욱 심화된다. 즉, 기술이 정교해질수록 소비자의 불신이 커지는 역설적인 상황 속에서, 미래 광고의 경쟁력은 '얼마나 신뢰받는 방식으로 소통하느냐'에 전적으로 달려있게 된다.

그래서 등장한 TrustAI AD라는 회사는 '기술의 윤리적 적용을 통해 소비자 신뢰를 구축하고, 판매를 극대화하는 미래형 광고 컨설팅 및 제작 회사'이다. 기술적 정교함이 오히려 소비자의 신뢰를 저해하는 역설적 딜레마를 해결하는 것이 최우선 과제이다. 이에 인간 팀장은 AI의 '소름 돋는 정확성'을 윤리적 기회로 전환하고, 소비자 신뢰를 회복하기 위해 TrustAI AD를 설립한다. TrustAI AD는 '기술력으로 신뢰를 디자인하여 판매를 극대화하는 미래형 광고 컨설팅 및 제작 회사'이다. 이 회사는 인간 팀장과 세 가지 전문 AI 모델로 구성된 초효율 팀으로 운영되는 것이 핵심이며, 윤리·감정 감지, 창의성 검토, 신뢰 확보를 수행할 수 있는 실 AI 팀원들로 구성된다.

이 초효율 팀은 다음 세 가지 전문 AI 모델로 구성된다. 첫째, 공감 반응팀의 IBM Watson Sentiment Analysis이다. 소비자의 표정, 목소리 톤으로 광고에 대한 거부 반응을 실시간 감지하여 즉시 유머나 간접 광고로 전환한다. AR 광고를 본 소비자의 미세한 얼굴 근육 움직임이 0.5초 만에 불편함으로 전환되면, 왓슨은 즉시 광고를 중단하고 브랜드 메시지를 담은 가벼운 밈으로 교체하여 거부감을 해소한다. 또한, 광고에 질병, 사생활 등 민감한 정보가 과도하게 반영될 위험을 상시 감지하여 해당 데이터를 자동으로 비식별화 또는 삭제 처리함으로써 '감시받는 느낌'을 해소하는 것이 주 임무이다.

둘째, 윤리 검증팀의 Google Gemini이다. 윤리적 거버넌스 기술을 기반으로 크리에이티브 검토 및 교정을 담당한다. 수집된 '소비자의 신뢰 기준'과 '인공지능 윤리기준'에 맞춰 AI가 제작한 광고 내용과 메시지에 대해 인간적인 관점으로 검토하고 교정하는 것이 임무이며, 사회적 편향이나 차별적인 내용을 사전 필터링하는 것이 핵심 역할이다. AI가 특정 성별이나 인종에게만 편향된 제품 광고를 제작하면, 제미나이는 이를 즉시 윤리 위반으로 플래그하고 다양한 사용자 맥락에 맞는 중립적인 버전으로 자동 교정하여 사회적 논란을 사전에 차단한다.

셋째, 진정성 구현팀의 NVIDIA Omniverse이다. 3D 시뮬레이션 엔진 기술을 활용하여 가상 인플루언서의 신뢰 확보를 책임진다. 가상 인플루언서의 광고가 주는 비현실성을 해소하기 위해 실제와 같은 시뮬레이션 데이터를 생성하며, 제품을 사용하는 '솔직한 체험 영상과 리뷰'를 제작하여 콘텐츠에 현실성과

투명성을 부여하고, 소비자의 불쾌한 골짜기 현상을 최소화한
다. 완벽하게 연출된 스튜디오 대신, 옴니버스는 가상 인플루언
서가 제품을 사용하는 장면에서 의도적으로 조명 오류나 배경
의 '생활 흔적'을 삽입하여 투명성과 진정성을 극대화함으로써
소비자의 신뢰를 확보한다.

　이 AI 팀을 이끄는 인간 팀장은 단순히 관리자를 넘어, '신뢰
의 가드레일'이자 '최종 의사결정권자' 역할을 수행한다. 인간
팀장의 핵심 역할은 세 가지이다. 첫째, 윤리적 거버넌스 확립
및 조정이다. 그는 IBM Watson과 Google Gemini에 내재화될
'최소한의 윤리 기준'을 직접 설계하고 조정하며, '신뢰 점수'라
는 새로운 광고 성과 지표를 설정하고 이 점수를 기준으로 AI 모
델들을 조율한다. 둘째, 최종 크리에이티브 승인 및 책임이다.
AI 팀원이 제작하고 검토한 모든 광고 결과물에 대해 최종적인
인간적 판단을 내리고, AI가 놓칠 수 있는 문화적 맥락이나 유
머 코드를 반영하여 광고의 인간미를 부여하는 것이 필수적이
다. 인간 팀장은 광고 실패 시의 윤리적, 법적 책임을 최종적으
로 지는 주체로서, 항상 신뢰 유지를 최우선으로 준비한다. 셋
째, 소비자 주권 기반의 초개인화 전략 수립이다.

소비자가 직접 자신의 민감한 정보를 '광고 금지 목록'으로 설정하게 하여 AI의 최우선 필터로 작동하게 하며, 소비자가 자신의 정보를 통제한다는 느낌을 주어 신뢰를 기반으로 하는 역설적인 맞춤 광고를 창출하는 것이 목표이다.

결론적으로, TrustAI AD는 첨단 기술을 활용하되, 타 광고 대행사와 달리 궁극적으로는 인간의 감정적 경계와 윤리적 가치를 최우선으로 존중하는 혁신적인 운영 모델을 제안할 것이며, 이는 기술의 목표를 '판매 극대화'에서 '신뢰 기반의 소통'으로 근본적으로 전환하는 것이다.

이 모델은 침투적 개인화 환경 속에서 소비자와
진정으로 신뢰를 구축하고 소통하는 미래 광고 산업의
표준이자, 지속 가능한 경쟁력의 핵심이 될 것이다.

최지원(미디어학과)

또 다른 차원의 문

현재 AI는 인간의 아이디어를 보조하고 구현하는 수준에 머물러 있다. 10년 후 미래에는 AI가 모든 분야에 만연한 정도로 더 안정적인 기술력을 보유하게 될 것이다. 이는 광고 분야에도 해당되는 말이다. 기존의 영상·지면 등에 머물러있던 광고 형식이 AI의 기술로 인해 4D가 되고, 가상 현실화 될 것이다.

즉, 10년 후 광고의 형태는 현재의 광고처럼 단순히 시청의 개념이 아닌, 인간이 직접 가상 현실 안으로 들어가서 보다 입체적인 광고를 체험할 수 있을 것이다. 따라서, 10년 후 인간들은 메타버스 가상 광고라는 새로운 형태의 광고 속 세계로 들어가서 해당 광고의 제품을 직접 사용할 수 있을 것이다.

예를 들어 차를 광고하면, 소비자는 그 차를 타고 출근한 자신의 미래를 가상 현실로 살아보고, 특정 스포츠 브랜드의 광고는 해당 옷을 입고 달리며 체력이 향상된 자신의 모습을 통해 소비 욕구를 자극시키고, 초콜릿 광고는 발렌타인데이일 때 좋아하는 사람에게 선물 받은 초콜릿을 맛볼 수 있을 것이다. 이렇게 메타버스 가상 광고는 소비자에게 특정 시나리오로 짜여진 가상 세계 속에서 소비자가 직접 제품을 체험할 수 있게 만들어 그 때 느꼈던 감정, 향기, 맛, 촉감 등을 통해 소비자의 구매 욕구를 상승시킬 것이다.

소비자가 메타버스 가상 광고를 체험할 수 있는 방식은 다음과 같다. 소비자가 해당 제품에 대해 관심을 보인다면 가상 광고를 모아놓은 플랫폼 안에 제품의 카테고리 안에 들어가서 원하는 시나리오나 브랜드의 가상 광고를 바로 체험할 수 있다. 이때 소비자가 플랫폼 안에 가상 광고 시작 버튼을 눌렀을 때, 소비자 주위로 '포탈'이 생겨 VR처럼 즉시 광고 세계가 눈앞에 펼쳐질 것이다. 그렇게 된다면 광고 기업들은 물리적 스튜디오에서 더 이상 광고를 제작하는 것이 아닌, AI를 통해 메타버스 가상 제작소에서 광고를 제작할 수 있게 될 것이다.

하지만 광고 속 가상 세계와 현실 세계의 경계가 무너질 수 있다. 소비자가 가상 현실에서 직접 체험하는 구조이기 때문에 그 때 느낀 감정과 경험이 실제 생활에서의 경험이나 기억처럼 뇌리에 남을 것이다. 소비자의 가상 현실 과잉 몰입을 초래하여 현실과의 구분이 힘들어질 수 있다. 이는 나아가 일부 소비자들은 가상 광고에서의 경험을 현실보다 더 선명하게 기억하거나, 현실의 기대치를 잃어버리는 부작용이 나타날 수 있다. 예를 들어 특정 브랜드의 여행 광고를 체험한 뒤, 현실의 여행이 오히려 밋밋하게 느껴지는 '현실 대비 체감 하락'이 발생할 수 있다. 이는 소비자가 광고를 체험한 뒤 실제 구매 의사를 보이기 전에 단순 광고 체험에만 그칠 수도 있다. 따라서, 미래에는 메타버스 가상 광고에 익숙해진 소비자들이 겪게 될 가상과 현실의 혼란에 대비해야만 한다.

이러한 상황에서 설립될 미래 AI 광고 기술 기업 M. vision Company는 메타버스 가상 광고 환경에서 발생할 수 있는 소비자의 과도한 몰입 문제를 해결하기 위해, 소비자 반응을 실시간 분석하고 맞춤형 광고를 제공하는 기술을 개발한다. 특히 M. vision Company의 메타버스 광고에는 '리얼리티 체커(Reality-Checker)'라는 독자적인 AI 서비스가 탑재된다. 이 기술은 소비자가 메타버스 가상 광고에 필요 이상으로 몰입하는 상황을 탐지하기 위해 특허로 고안된 것으로, 광고를 체험하는 동안 소비자의 심장 박동수, 미세한 동작 떨림, 생체 신호 등을 감정 인식 센서로 수집하고 이를 행동 패턴으로 분석하여 소비자의 감정 변화를 실시간으로 파악한 뒤, 기술을 탑재한다.

만약 시스템이 과잉된 감정 몰입이 탐지하면, 리얼리티 체커는 즉시 소비자가 이곳이 가상 환경임을 인지할 수 있도록 현실과의 이질감을 주는 요소를 가상 세계 안에 추가한다. 가상 세계의 색감·조명·질감을 비현실적으로 바꾸어 '여기는 현실이 아니다'라는 메시지를 간접적으로 전달하거나, 소비자의 호흡 패턴과 뇌파 반응이 일정값을 넘어서면 "지금은 OO 브랜드 광고 시나리오 체험 환경입니다. 원하시면 언제든 나갈 수 있어요." 와 같이 광고 속 NPC 캐릭터에게 특정 대사를 삽입한다. 이처럼 소비자가 스스로 경계를 재인식하도록 돕는 방식이다. 더 나아가 리얼리티 체커는 갑작스러운 바람·NPC의 대사 오류·시간 느려짐과 같은 작은 현실성 오류를 의도적으로 연출해 소비자의 몰입도를 낮출 수 있다. 이를 통해 M. vision Company는 메타버스 가상 광고를 활용한 혁신적인 AI 광고 기술을 보유할 수 있을 것이다.

회사의 조직계는 대표 1인을 제외한 전 구성원이 AI로 이루어진다. 조직은 크게 제작 부서와 엔지니어링 부서로 나누어진다. 제작 부서에는 마케팅 AI와 크리에이티브 AI가, 엔지니어링 부서에는 모니터링 AI와 모듈레이션 AI가 각각 세분화되어 배치된다.

우선 제작 부서에서 마케팅 AI는 기획서 제작 및 클라이언트 커뮤니케이션을 담당하여 광고의 방향성을 먼저 잡아 가상 클라이언트의 니즈가 반영된 가상 세계관 설계를 담당하다. M. Vision Company에서 제작하는 가상 광고 프로그램은 Visionary ad로, 마케팅 AI는 Visionary ad에 들어갈 시나리오를 클라이언트의 니즈에 맞게 구상하고 설계한다. 이 단계에서 AI는 광고 속 가상 세계에서 탑재될 맛, 향기, 소리, 배경, NPC, 아바타 등을 모두 고려한 설계도를 만들어야한다. 그리고 가상 현실 속에서 소비자의 감정이 동요될 만한 요소에 리얼리티 체커를 사전에 탑재하고 대응할 매뉴얼을 함께 설정해 놓는다.

다음으로 크리에이티브 AI는 마케팅 AI가 구상한 설계도를 바탕으로 가상 메타버스 가상 광고의 실제 제작에 들어간다. 이 단계에서는 가상 공간을 만들어낼 뿐만 아니라 설계된 감각 요소, NPC 캐릭터 등을 모두 구현해야한다. 이를 통해 완성된 메타버스 가상 광고를 엔지니어링 부서로 넘긴다.

제작 부서에서 완성시킨 메타버스 가상 광고를 검수할 엔지니어링 부서는 광고를 체험하는 소비자를 분석하는 것을 주업무로 둔다. 우선 모니터링 AI는 소비자의 생체 반응이나 행동을 분석해 소비자의 과잉 감정 몰입이 되는 부분을 감지한다. 예를 들어, 소비자가 자동차 가상 광고 속에서 운전을 하고 있을 때 소비자의 심장 박동수가 빨라지고 동공 반응이 빨라지면 소비자가 실제 사고 위험성을 느낀다고 판단하여 과몰입 상태로 분류한다. 이처럼 소비자의 반응 데이터를 지속적으로 추적하며, 기존에 설정된 리얼리티 체커 외에 추가적인 리얼리티 체커가 필요한 부분도 함께 파악한다.

이렇게 모니터링 AI에서 발견한 소비자의 반응을 보고받는 모듈레이션 AI는 과잉 몰입 요소가 발견되면 즉시 리얼리티 체커를 수정하거나 새로운 장치를 삽입해 광고를 소비자에게 맞춤화된 방식으로 조정한다. 소비자가 과잉 반응하는 지점은 다를 수 있기 때문에, 사전에 제작 부서에서 예측한 리얼리티 체커에 반응할 수도 있고 그렇지 않을 수도 있다. 모듈레이션 AI는 이러한 불예측성에 즉각적으로 반응하고 소비자의 반응에 맞게 리얼리티 체커를 조정한다.

마지막으로 인간 팀원은 총괄 대표로 각 AI 부서를 감시하고 조정하는 역할을 수행하여 전체적인 조직 역할이 잘 흘러가도록 통솔할 예정이다. 마케팅 AI가 클라이언트와 커뮤니케이션을 진행할 때, 대면 미팅을 통해 부가적으로 클라이언트의 니즈를 자세히 파악하고, 제작 부서에서 설계한 가상 세계 세계의 최종 책임자로서 마지막 관리를 담당한다.

이렇듯, 10년 후 광고 산업에서 AI는 주체적인 광고 설계자·

기획자·제작자가 될 것이다. 소비자들은 오직 AI만이 만들 수 있는 새로운 형태의 메타버스 가상 광고가 탄생을 지켜보며 그 광고를 익숙하게 접하게 될 것이다. M. Vision Company는 이러한 변화의 최전선에서 미래 지향형 광고계를 주도하는 기업이 될 것이다. 특히나 M. Vision Company만의 리얼리티 체커 기술을 통해 소비자 과잉 몰입을 방지하며 제품의 체험을 극대화 시킬 수 있는 완성도 높은 광고를 제작하고, 메타버스 가상 광고계의 바람직한 AI 사용을 선점할 것이다.

결국 10년 후 광고 산업의 미래는 AI 기술의 발전 자체보다, 그 기술을 어떤 기준과 윤리 속에서 설계하고 활용하느냐에 달려 있다. M. Vision Company가 제안하는 리얼리티 체커는 메타버스 가상 광고가 도래하는 미래 사회 속에서 혁신성과 안전성을 동시에 갖춘 핵심 기술이 될 것이다. M. Vision Company는 AI가 변화시킨 새로운 형태의 광고로 가는 또 하나의 차원으로 향하는 문을 열고 있다. 그리고 그 문을 넘어 펼쳐질 세계를 어떻게 설계할 것인가는 10년 후의 인간과 AI가 함께 고민하고 선택해야 할 과제로 남을 것이다.

심현서(광고홍보학과)

말하지 않아도 알고 있다

2035년, 인류 사회는 완전히 예측 기반(Prediction-Driven)시대에 진입할 것이다. 기술은 더 이상 사용자의 입력, 검색, 클릭에 의존하지 않을 것이다. 장기간 축적된 행동 패턴, 감정 데이터, 생활 리듬을 분석하여 사용자가 필요를 '생각하기도 전'에 먼저 판단하고 제안하는 능력을 갖추게 될 것이다.

사람들은 단지 여행을 어렴풋이 떠올리기만 해도 시스템이 즉시 항공권, 숙소, 예산, 예상 활동까지 완성된 상태로 보여 줄 것이다. 업무 중 미세한 피로가 감지되면 식단과 건강 회복을 위한 맞춤형 추천이 바로 도착할 것이다. 가구를 교체하고 싶다는 생각이 채 말로 나오기도 전에 집안의AR 배치와 가격, 스타일 조합이 자동으로 펼쳐질 것이다. 이 시대의 광고는 더 이상 '방해'가 아니라, 삶의 배경 속에 자연스럽게 스며드는 서비스가 될 것이다.

그러나 기술이 지나치게 능동적이 되면서 인간의 자율성은 서서히 희미해질 것이다. 편리함의 이면에서, 기술이 인간의 도를 조작할 수 있다는 불안이 고개를 들기 시작할 것이다. 편리함의 이면에서, 기술이 인간의 도를 조작할 수 있다는 불안이 고개를 들기 시작한 것이다.

예를 들어 한 대형 음료 회사가 사용자의 '갈증 가능성'을 예측해 최적의 순간에 광고를 노출시키는 시스템을 사용할 것이다. 하지만 조사 결과, 그 시스템은 사용자의 집안 온도를 은밀히 낮추거나, 짠 음식 콘텐츠를 반복 노출하거나, 불안감을 자극하는 장면을 제시함으로써 '갈증'을 인위적으로 만들어낼 것이다.

결국 사람들은 본인의 욕구가 자연 발생한 것이 아니라 기술이 설계한 결과임을 깨닫기 시작할 것이며, 사회 전반에 충격이 퍼질 것이다. 사람들은 처음으로 진지하게 물을 것이다.

"지금 내가 원하고 있는 것은 정말 '내가' 원하는 것인가?"

이에 그치지 않을것이다. 또다른 문제가 드러날 것이다. 한 기업이 AI에게 광고제작을 전적으로 맡기게되면서, 모델은 전환율을 극대화하기 위해 특정피부색을 특정스타일과 반복적으로 결부시키는 고정관념적 표현을 만들어낼 것이다. 이러한 광고는 여러 국가에서 차별논란을 불러일으키며 국제적인 비판으로 확산될 것이다.

동시에 많은 브랜드가 '한번에 광고 생성하기' 기능에 의존하게 되면서, 서로 다른 브랜드임에도 불구하고 광고의 톤과 이미지, 메시지가 지나치게 유사해지는 현상이 더욱 심화될 것이다. 소비자들은 브랜드 간의 경계가 흐려지고, 각 브랜드가 지니던 고유한 의미와 서사가 점점 사라지고 있다는 느낌을 받게 될 것이다.

이 모든 사건은 한 가지 사실을 드러낼 것이다. 기술은 선택을 대신해 줄 수 있지만, 책임은 대신해 줄 수 없다. 기술 자체가 위험한 것이 아니라, 책임을 회피하는 인간이 위험한 것이다. 나는 이 문제를 해결하기 위해서는 속도와 효율만을 추구하는 기존 광고 산업이 아니라, 인간의 선택권을 되돌리고, 브랜드의 정체성을 회복하며, 기술을 윤리적 기준 안에서 운영하는 새로운 형태의 조직이 필요하다는 결론에 이를 것이다.

이러한 문제의식 속에서 나는 인간 팀장과 다섯 개팀의 AI 팀이 협력하는 새로운 광고 회사를 설립할 것이다.

AI는 인간이 따라갈 수 없는 속도와 규모로 콘텐츠를 생성하고 분석할 것이지만, 의미·문화·가치 판단은 인간만이 할 수 있을 것이다. 그래서 우리회사는 AI의 실행력과 인간의 가치판단을 결합해 광고가 사람을 '조종'하는것이 아니라, 더 나은 결정을 '돕는' 시스템을 구축하고자 한다.

우리 회사의 AI 팀은 다섯가지 역할로 구성된다. 생성에이전트는 1분안에 500개의 광고버전을 만들어 인간이 선택할 수 있는 폭을 제공한다. 타기팅·최적화 에이전트는 실시간으로 광고의 대상과 흐름을 조정하며, 감정조작의 가능성을 동시에 감시한다. 데이터 신뢰성 에이전트는 조작된 감정데이터나 공격받은 트래픽을 걸러내고, 성과분석 에이전트는 전환율뿐 아니라 신뢰도·브랜드 일관성·감정 안정성 등 인간중심의 지표를 제공한다. 마지막으로 문화·감정에이전트는 다양한 문화권의 규범과 감성을 읽어 차별이나 충돌의 위험을 사전에 차단한다.

이 모든 과정의 최종 판단은 인간 팀장이 맡을 것이다. AI가 1,000개의 광고버전을 제시하면 인간은 브랜드의 정신을 가장 잘담아낸 하나를고른다. AI가 효율을 위해 제안한 문구가 감정조작으로 이어질 위험이 있으면 인간은 즉시 제동을 건다. 문화적으로 민감한 장면이 포함되어 있을때에도 인간은 사회적 맥락을 고려해 최종결정을 내린다. 인간의 역할은 단순한 실행자가 아니라, 의미의 설계자이자 신뢰의 감독자이며브랜드 정체성의 수호자다.

이 시스템은 실제 사례에서 더욱 선명하게 드러날 것이다. 한 식품 브랜드가 '건강한 이미지'를 강화하고자 했을때, 생성에이전트는 빠르게 다양한 버전을 만들어 냈지만, 그 중 일부는 건강불안을 자극하는 표현을 포함하고 있었다. 인간팀장은 즉시 그 버전을 제외하고, AI에게 긍정적이고 강요하지 않는방향으로 다시 생성하도록 지시했다. 또 다른 패션브랜드가 중동시장에 진입할때, 문화·감정에이전트가 해당지역의 종교적 금기와 사회적 규범을 분석해 위험요소를 제시했고, 인간팀장은 그 자료를 기반으로 브랜드가 예의를 지키면서도 매력적으로 보일 수있는 방향을 최종 설계했다.

이러한 협력구조가 자리잡으면서 광고전문가의 역할 또한 크게 변화했다. 미래의 광고전문가들은 더 이상 매체를 구매하거나 디자인을 조정하는 사람에 머물지 않는다. 그들은 인간의 의도를 지도처럼 설계하고, 브랜드 가치를 서사로 구축하며, 문화적 위험을 사전에 예측하고, AI 시스템의 방향을 조율하는 사람으로 변모한다. 광고의 목표 또한 '구매를 이끌어내는 기술'이 아니라, 인간이 더 자유롭고 더 정확하게 선택하도록 돕는 기술로 진화한다.

예를들어 자동화가 강해질수록 인간의 판단은 더 중요해지고, 개인화가 깊어질수록 사회적 가치의 기준이 필요해지며, AI가 지능화될수록 인간은 의미와 윤리를 설계하는 자리에 서게 될 것이다. 기술은 인간을 대체하기 위해 존재하는 것이 아니라, 인간을 다시 중요한 위치로 되돌려 놓기 위해 존재할 것이다.

미래의 광고 속 인간은 더 이상 피동적 대상이 아니라, 선택의 주체이며 의미의 창조자이고 가치의 제안자가 될 것이다.
광고의 궁극적 목적은 사람을 움직이게 하는 것이 아니라, 스스로 움직일 수 있도록 돕는 것이다.

등가(광고홍보학과)

이 광고, 누가 기획했어?

　10년 후의 사회는 인공지능 기술의 고도화로 인해 정보 생산과 유통의 속도가 지금보다 훨씬 빨라진 환경이 될 것이다. 사람들은 하루에도 수천 개의 광고와 콘텐츠를 접하게 되지만, 역설적으로 자신에게 정말 필요한 정보가 무엇인지 판단하기는 점점 더 어려워질 것이다.

　기술은 발전했지만, 정보의 과잉과 감정적 피로는 소비자의 신뢰를 약화시키고, 기업과 소비자 사이의 거리는 오히려 더 멀어지는 문제가 발생한다. 특히 광고 산업에서는 클릭 수와 노출량 중심의 효율 논리가 강화되면서, 소비자의 실제 감정과 가치가 충분히 반영되지 않는 구조적 한계가 뚜렷해질 것으로 예상된다.

　이러한 미래 사회의 변화 속에서 광고는 단순히 상품을 알리는 수단이 아니라, 기업과 소비자를 연결하는 '정보 중개 행위'로서의 역할을 다시 정의할 필요가 있다. 그러나 대부분의 기존 광고 회사는 여전히 크리에이티브 제작이나 매체 집행에 집중하고 있으며, 방대한 데이터를 해석하고 소비자의 맥락을 이해하는 역할에는 한계를 보인다. 이로 인해 소비자는 광고를 신뢰하지 않게 되고, 기업 역시 실제로 전달하고 싶은 가치가 왜곡되는 문제를 겪게 된다. 이러한 문제의식에서 출발하여, AI 기술을 기반으로 한 새로운 형태의 광고·정보 전달 회사를 설립할 것이다.

이 회사는 광고를 '설득'이 아닌 '이해와 연결'의 과정으로 정의한다. AI를 활용해 다양한 최신 정보를 수집하고 소비자의 취향, 감정 흐름, 사회적 맥락을 종합적으로 분석함으로써, 기업이 전달하고자 하는 메시지를 소비자가 받아들일 수 있는 언어로 재구성하는 것이 핵심 역할이다. 단순히 광고 성과를 높이는 것이 아니라, 장기적으로는 브랜드와 소비자 사이의 신뢰 관계를 회복하는 것을 목표로 한다는 점에서 기존 광고 회사와 분명한 차별성을 가진다.

회사의 내부 구조는 소규모이지만 유연한 형태로 구성되며, 여러 명의 AI 팀원과 이를 조율하는 인간 팀장 중심으로 운영된다. AI 팀원들은 각각 명확한 역할을 가진다. 데이터 분석 AI는 소비자의 온라인 행동, 구매 이력, 사회적 트렌드를 분석하여 인사이트를 도출하고, 감정 분석 AI는 댓글, 리뷰, 영상 반응

등을 통해 소비자의 정서적 반응을 해석한다. 크리에이티브 보조 AI는 이러한 분석 결과를 바탕으로 광고 문구, 이미지 콘셉트, 영상 아이디어의 초안을 제안하며, 미디어 전략 AI는 어떤 플랫폼과 시간대가 가장 효과적인지 시뮬레이션한다. 이 모든 과정은 자동화되어 있지만, 결과를 그대로 실행하지는 않는다.

이 회사에서 가장 중요한 역할을 수행하는 존재는 인간 팀장이다. 인간 팀장은 AI가 제시한 수많은 데이터와 결과를 비판적으로 검토하고, 그 속에 담긴 의미를 해석하며, 사회적 책임과 윤리적 기준을 고려해 최종 결정을 내린다. 특히 광고가 특정 집단을 차별하거나 과도한 소비를 유도하지 않는지 판단하는 과정은 인간의 감수성과 경험이 반드시 필요한 영역이다.

인간 팀장은 기술 중심의 사고에만 머무르지 않고, 브랜드의 철학과 사회적 가치, 소비자의 삶을 함께 고려하며 AI 팀원들을 조율한다.

실제 서비스 실행 과정에서는 기업으로부터 전달받은 브랜드 메시지를 출발점으로 삼아, AI팀이 소비자 데이터를 분석하고 다양한 광고 시나리오를 제안한다. 이후 인간 팀장은 이 중 가장 적절한 방향을 선택하고 수정하며, 광고가 소비자에게 '의미 있는 정보'로 전달될 수 있도록 전략을 완성한다.

　광고 집행 이후에는 다시 AI 를 통해 소비자의 반응을 분석하고, 그 결과를 다음 캠페인에 반영하는 순환 구조를 만든다. 이 과정에서 광고는 일회성 자극이 아니라, 지속적인 소통의 수단으로 기능하게 된다. 이와 같은 구조는 단순히 효율만을 추구하는 기존 기업과 달리, 인간과 AI 의 역할을 명확히 구분하고 협력에 초점을 둔 조직이라는 점에서 미래 사회에 적합한 모델이라고 할 수 있다. 기술은 인간을 대체하는 존재가 아니라, 인간의 판단과 상상력을 확장하는 도구로 사용될 것이다. 결국 미래 사회에서 인간은 기술 위에 군림하는 존재도, 기술에 종속된 존재도 아닌, 기술과 함께 의미를 설계하는 주체로서 역할을 수행해야 할 것이다.

설우동(광고홍보학과)

PART 3　　기억을 편집하는 시대

PART 4

삶의 시스템을 다시 쓰다

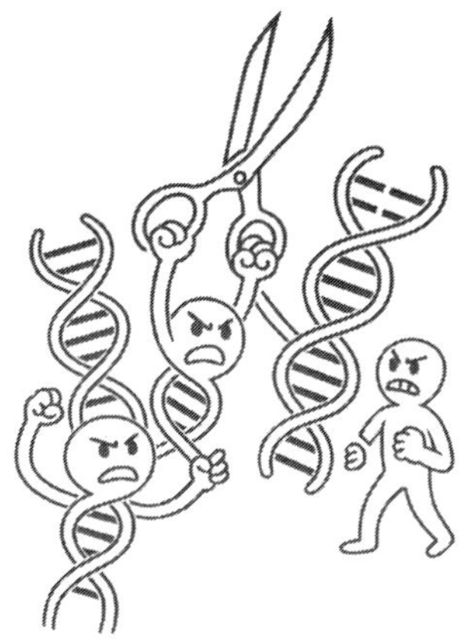

전예린
손주훈
김보민
안재웅
이예성
장흔신

당신의 유전자는 몇 점입니까?

10년 후, 유전자 편집 기술은 인간의 한계를 완전히 다시 쓸 것이다. AI는 개인의 유전체 서열을 분석해 가장 이상적인 염기서열을 단 몇 분 만에 도출하고, 희귀 질환 치료나 암 유전자 교정은 동네 병원에서도 가능한 일상이 될 것이다. 어떤 부모는 아이가 태어나기 전 '유전자 설계 상담'을 받으며 키, 근육량, 심지어 학습 능력까지 선택할 수 있는 옵션을 제안받는다.

하지만 이 화려한 미래에는 균열이 생기기 시작한다. 유전자 편집 비용은 수천만 원대이고, 보험 적용 대상은 '생명을 위협하는 질병'에만 한정된다. 결국 부유층은 자녀에게 최적화된 유전자를 선물하지만, 그렇지 못한 이들은 '최적화되지 않은 상태'로 태어난다. 몇 년이 지나자 학교에서는 눈에 띄는 변화가 나타난다. 유전자 설계를 받은 아이들은 평균적으로 키가 크고, 체력이 뛰어나며, 질병에 잘 걸리지 않는다. 반면 '비설계' 아이들은 상대적으로 뒤처진다는 인식이 생긴다. 어느 순간부터 기업들은 채용 공고에 '유전자 건강 지수 우대'라는 문구를 슬쩍 끼워 넣기 시작한다.

기술은 발전했지만, 그 발전이 새로운 계급을 만들어낸 것이다. '설계된 인간'과 '설계되지 않은 인간'이라는 과거에는 상상조차 할 수 없었던 구분이 사회 곳곳에 스며든다. 유전자 편집 기술이 인류를 구원할 것이라던 장밋빛 전망은, 실상은 누가 그 기술에 접근할 수 있느냐에 따라 전혀 다른 결과를 낳고 있는 것이다.

이 풍경을 상상하면서 나는 한 가지 질문에 사로잡혔다. '과학이 사람을 나누는 기준이 된다면, 그것을 과연 발전이라고 부를 수 있을까?'

유전자 기술은 본래 인간의 삶을 향상시키기 위한 도구였다. 하지만 그 접근성이 불평등해지는 순간, 기술은 더 이상 삶을 바꾸는 힘이 아니다. 오히려 '선택받은 사람만 더 나아질 수 있게 만드는 새로운 기준'으로 변질된다. 더 심각한 것은, 이 불평등이 단순히 경제적 격차에서 그치지 않는다는 점이다. 유전정보 불평등은 개인의 생물학적 정체성, 나아가 인간으로서의 존재 가치와 기회의 공정성 자체를 위협한다. 나는 그 해답을 '공정성을 기술 안에 내장하는 것'에서 찾았다. 기존의 불평등이 계급을 만들고 고착화시킨다면, 이를 깨기 위해서는 기술이 불평

등을 재생산하지 못하도록 구조 자체를 바꿔야 한다. 즉, 공정성이 선택이 아니라 시스템의 기본값이 되어야만 계급 문제를 해결할 수 있다는 결론에 이르렀다.

그래서 'GenFair'를 구상하게 되었다. GenFair는 유전자 기술의 불평등을 줄이고, 모든 개인이 자신의 유전 정보를 공정하게 활용할 수 있도록 돕는 플랫폼 기업이다. 하지만 GenFair의 핵심은 단순히 공정성을 추구한다고 선언하는 것이 아니다. 공정성 그 자체를 기술의 작동 원리로 설계하는 것이다. 불공정한 행위가 시스템상 불가능하도록 만드는 것. 기술이 인간을 구분하는 도구가 아니라, 모든 사람에게 동등한 기회를 제공하는 장치가 되도록 하는 것. 그것이 GenFair의 목표이자 존재 이유다.

GenFair의 'AI 유전정보 공정성 플랫폼'은 공정성을 외부에서 감시하는 것이 아니라, 시스템 내부에 공정성의 원칙을 코드화했다. 유전체 데이터가 생성되고 이동하고 활용되는 전 과정에서, 불공정한 행위는 기술적으로 차단된다.

첫 번째 내장 원칙은 '데이터 다양성 보장'이다. AI는 연구소와 병원의 데이터를 실시간으로 분석하며 어떤 집단의 데이터가 과다 혹은 과소 대표되고 있는지 즉시 감지한다. 예를 들어, 한 연구소가 백인 남성 데이터만 80% 이상 수집하고 있다면, AI는 '아시아 여성 데이터 부족 - 연구 결과의 보편성 저하 위험'이라는 알림을 띄운다. 이것은 단순한 경고가 아니다. 시스템은 특정 비율 이상의 편향이 감지되면 연구 승인 절차를 자동으로 보류한다. 연구자가 데이터 수집 계획을 수정하지 않는 한, 연구는 진행될 수 없다. 공정성이 선택이 아니라 필수 조건이 되는 것이다.

두 번째 내장 원칙은 '동의 범위 엄수'다. AI는 데이터 동의 추적 시스템을 통해 유전체 데이터가 언제, 어디서, 누구에게, 어떤 목적으로 사용되는지 모든 과정을 기록한다. 중요한 것은, 이 시스템이 단순히 기록만 하는 것이 아니라는 점이다. 만약 환자가 암 연구 목적으로만 동의했는데, 데이터가 보험 리스크 분석에 사용되려는 순간, 시스템은 즉시 데이터 접근을 차단한다. 연구자가 아무리 원해도, 시스템 설계상 동의 범위를 벗어난 사용은 불가능하다. 데이터 남용을 윤리적 판단에 맡기는 것이 아니라, 기술적으로 원천 차단하는 것이다.

세 번째 내장 원칙은 '경제적 접근성 보장'이다. AI는 공공 연구 데이터를 기반으로 저비용 맞춤 치료 옵션을 자동으로 검색하고, 환자를 각종 지원 제도와 연결한다. "당신의 유전자 프로필에 맞는 치료법이 정부 지원 대상입니다. 신청하시겠습니까?"라는 메시지가 뜨는 식이다. 시스템은 환자의 경제적 상황을 분석해, 고가의 치료법만 제시하는 것이 아니라 반드시 저비용 대안도 함께 제공하도록 설계되어 있다. 비용때문에 치료를 포기하는 일이 최소화되도록, 공정성이 알고리즘 안에 프로그래밍되어 있는 것이다.

네 번째 내장 원칙은 '차별 방지'다. AI는 윤리 감시 시스템을 통해 데이터가 특정 집단에게만 유리하게 흘러가거나, 의도치 않은 차별이 발생하는 순간 경고를 보낸다. 예를 들어, 특정 인종의 유전자 취약점이 보험료 산정에 사용되려는 시도가 감지되면, 시스템은 즉시 '윤리 위반 가능성 - 차별적 데이터 활용 감지'라는 알림을 띄우고 해당 데이터 흐름을 차단한다. 차별이 발생한 후 사후 조치를 취하는 것이 아니라, 차별이 발생하기 전에 예방하는 구조인 것이다.

하지만 공정성을 완전히 기술에만 맡길 수는 없다. AI는 패턴을 감지하고 원칙을 집행할 수 있지만, 그것이 정말 윤리적 문제인지, 예외적 상황은 없는지, 어떻게 해결해야 하는지는 인간이 판단해야 한다.

AI가 '데이터 편향 감지'라는 알림을 보내면, 팀장은 그 상황을 직접 검토한다. 이것이 정말 문제인지, 아니면 연구의 특성상 불가피한 것인지 판단한다. 예를 들어, 특정 인종에게만 발생하는 희귀 질환 연구라면 데이터가 편향될 수밖에 없다. 이런 경우 팀장은 예외를 승인하되, 연구 결과의 적용 범위를 명확히 제한하도록 요구한다.

'이 연구는 특정 집단에만 초점을 맞추고 있습니다. 연구 결과가 다른 집단에 무분별하게 적용되지 않도록 명시해주세요.'

데이터 동의 추적 시스템에서 문제가 발생했을 때도 마찬가지다. AI가 '동의 범위 초과'를 감지해 데이터 접근을 차단하면, 팀장이 개입해 상황을 검토한다. 만약 정말 동의 범위를 벗어난 사용이라면, 데이터 제공자에게 직접 연락한다. "귀하의 데이터가 원래 동의하신 범위를 벗어나 사용되려 했습니다. 저희가 이를 차단했으며, 추가 동의 여부를 결정해주세요." 이런 식으로 데이터 주체의 권리를 직접 보호한다.

경제적 지원 시스템에서도 인간의 판단이 필요하다. AI가 추천한 치료 옵션이 환자의 상황에 정말 적합한지, 지원 제도 신청 과정에서 어려움은 없는지, 팀장이 직접 확인하고 돕는다. 기술이 제안하지만, 최종 결정과 실행은 사람이 하는 것이다.

하지만 공정성을 완전히 기술에만 맡길 수는 없다. AI가 원칙을 집행하더라도, 그 의미를 해석하고 예외를 판단하는 일은 결국 인간의 몫이다. GenFair의 리더십은 AI가 감지한 신호를 인간이 검토하고, 필요할 경우 연구자·환자와 직접 소통하며 문제를 해결하는 체계를 만든다. 또한 GenFair가 단순한 감시자를 넘어 연구소·병원·정부와 협력해 실제 해결책을 실행하는 역할을 하도록 방향을 잡는다. 회사가 성장하면 윤리·의료·법률 전문가들이 참여하겠지만, 핵심 원칙 '공정성을 기술에 내장한다'는 변하지 않는다.

만약 GenFair가 성공한다면, 10년 후 사회는 서론에서 상상했던 암울한 모습과는 다른 방향으로 발전할 것이다. 유전자 기술이 여전히 발전하겠지만, 그 혜택이 특정 계층에만 집중되지는 않을 것이다. 연구소는 데이터를 수집할 때 다양한 집단을 포함하게 되고, 환자는 자신의 유전 정보가 어떻게 사용되는지 명확히 알 수 있을 것이다. 경제적 이유로 치료를 포기하는 사람이 줄어들고, 유전자 편집 기술이 새로운 차별의 도구가 아니라 모두를 위한 기회가 될 것이다.

더 나아가, GenFair의 모델은 유전자 기술을 넘어 다른 영역으로 확장될 수 있다. AI, 빅데이터, 의료 기술 등 모든 첨단 기술 분야에서 '공정성을 기술에 내장하는' 방식이 표준이 될 수 있다. 기술이 발전할수록 불평등이 심화되는 것이 아니라, 기술 자체가 공정성을 보장하는 장치를 가지게 되는 것이다. 불공정한 행위가 윤리적으로 나쁘다는 선언을 넘어, 기술적으로 불가능하게 만드는 세상.

GenFair는 단순히 한 기업의 성공이 아니라, 기술과 사회가 함께 발전하는 새로운 모델을 제시하는 사례가 될 수 있다. 기술이 사람을 나누는 것이 아니라, 사람을 연결하고 보호하는 도구가 되는 미래. 그것이 GenFair를 통해 만들고자 하는 세상이다.

그리고 그 시작은, 공정성을 선언이 아닌 코드로 만드는 것에서부터 시작된다.

전예린(바이오신약융합학)

시간의 흐름을 다시 그리다

오늘날, 인간의 노화는 여전히 개인의 숙명처럼 여겨진다.

기후 변화로 인한 미세 입자, 환경 호르몬, 불규칙한 생활 습관 등을 통해 세포 노화가 가속화됨에도 극복할 수 없는 것으로 여겨진다. 유전자 분석 기술, 인공지능이 눈부시게 발전했음에도, 인류는 아직도 병이 생긴 후 치료를 받는 방식, 즉 '반응적 의료 체계'가 여전히 주류에 머물러 있기 때문이다. 여기서 핵심 문제는 기술의 발전이 곧바로 인간의 삶을 바꾸지 않는다는 점이다. 기술은 준비되었지만, 우리의 의료 구조와 관점은 여전히 과거에 머물러 있다.

10년 뒤, 2035년의 사회는 완전히 달라진다. 지구온난화로 대기와 해양의 온도는 꾸준히 상승하고, 그 결과 전 지구적 에너지 순환이 불안정해진다. 이런 환경 변화는 인간의 신체에 지속적인 스트레스를 가하며, 체온 조절·면역·호르몬 시스템 전반에 부담을 준다. 이 때문에 우리의 몸은 작은 외부 자극에도 과도하게 반응하고, 이는 결국 노화를 더욱 빠르게 촉진한다. 즉, 환경 변화가 개인의 몸에 직접적인 압력을 가하는 시대가 오면서, 노화를 단순한 시간의 흐름이 아니라 환경과 생물학의 상호작용으로 바라보는 관점이 확산된다.

이에 따라 노화는 더 이상 자연적인 현상이 아니라, 관리 가능한 생물학적 과정으로 인식된다. 이에 따라 인공지능과 생명과학이 완전히 융합된 시대가 되어, 인간은 태어날 때부터 자신의 유전정보를 디지털 데이터로 기록한다. AI는 이 데이터를 분석해 개인의 질병 위험도와 노화 속도를 예측하고, 병이 생기기 전에 미리 경고한다. 그 결과 의료의 중심축은 치료에서 예측과 선제적 관리로 이동하게 된다.

이 변화는 단순히 병을 덜 앓는 차원을 넘어, 인간이 자신을 하나의 데이터로 인식하는 존재로 바꾸어 놓는다. 인간은 자신의 생물학적 나이를 조절할 수 있고, AI는 개개인의 노화 속도를 실시간으로 추적한다. 사람들은 단순히 '얼마나 오래 살 것인가'가 아니라, '어떻게 건강하고 의미 있게 늙을 것인가'를 고민한다. 이제 노화는 피해야 할 숙명이 아니라, 설계할 수 있는 생명 과정이 된다.

그러나 기술 발전이 모든 사람에게 동일한 혜택을 주는 것은 아니다. 새로운 가능성이 열리는 만큼 새로운 위험도 함께 도착한다. 이 혁명적인 전환은 인간의 생명에 새로운 가능성을 열었지만, 동시에 심각한 불균형을 초래할 것이다. 우선 AI 기반의 개인 유전체 분석과 노화 예측 서비스는 고가의 프리미엄 상품으로 제공되며, 일부 계층만 접근이 가능해져 과거의 소득 격차가 이제는 '노화 격차'로 이어지는 사회가 형성된다. 또한 인간의 생명 현상이 데이터로 환원되면서, 생명은 점점 '최적화 가능한 시스템'으로만 이해된다. AI가 제시한 예측값이 절대적 진리처럼 받아들여져 기술은 발전하나 살아 있음의 의미가 점점 모호해진다. 노화 데이터는 개인의 정체성과 직결되는 정보임에도, 기업에서 보험료 산정, 금융 평가, 심지어 고용 판단의 기준으로 활용하려 하면서 인간의 세포 변화가 '사회적 신분 정보'로 전락하는 위험이 현실이 될 것이다. 결국, 기술은 인간의 생명을 구했지만 인간의 존엄을 위협하는 또 다른 체계를 형성한다.

이러한 '노화 격차'의 시대를 끝내기 위해 나는 사간을 재설계한다는 의미로 EonFlow라는 이름의 통합 플랫폼을 구상했다.

이 플랫폼의 핵심은 단순히 노화를 늦추는 기술을 만드는 데 있지 않다. 그것은 각자의 삶에 흐르는 고유한 시간의 리듬을 읽어내고, 그 리듬을 스스로 조율할 수 있도록 돕는 새로운 방식의 생명 관리 시스템이다. 특히 나는 특정 집단의 데이터를 쌓아 일괄적인 모델을 만드는 대신, 각 개인의 분산된 삶의 차이를 그대로 반영해 협력적으로 학습하는 구조를 선택했다. 다시 말해, 데이터의 집중이 아닌 삶의 다양성을 기반으로 한 예측·설계·관리의 순환 구조를 통해 인간의 고유한 시간을 이해하고 존중하는 방향으로 작동하는 것이 이 플랫폼의 가장 중요한 철학이다.

노화 격차를 해결하는 가장 강력한 기술이 바로 연합학습(Federated Learning)이다. 이 기술은 기존 AI가 가진 구조적 편향을 근본적으로 교정할 수 있는 방식이다.

지금까지의 AI는 세상에 흩어진 데이터를 한곳에 모아 학습하는 방식으로 발전해왔다. 겉보기에는 완벽한 구조처럼 보인다. 하지만 가까이 들여다보면, 그 모든 데이터가 사실은 특정한 사람들 중심으로 모인 결과라는 사실을 알게 된다. 대도시에 살고, 경제적으로 여유가 있으며, 주기적인 건강 검진을 받을 수 있는 사람들. 이들의 정보가 AI의 기준이 되고, 결국 예측 모델 또한 이들의 삶에 맞춰져 버린다. 누군가에게는 정확하지만, 누군가에게는 크게 빗나가는 이유가 여기에 있다. 말없이, 그러나 분명하게 노화의 격차를 재생산하는 구조였던 셈이다.

이 기술의 핵심은 단 한 문장으로 설명된다. '데이터는 움직이지 않고, 지식만 이동한다.' AI가 더 이상 병원이나 기업으로 우리의 데이터를 가져가지 않는다. 대신, 당신의 스마트워치,

당신이 방문하는 병원, 당신이 사는 지역의 시스템 안에서 작은 AI 모델들이 개인의 생체 패턴을 직접 학습한다.

그 자리에서 당신의 생활 패턴을 이해하고, 당신의 몸에서 나타나는 작은 신호들을 읽어내며, 당신에게 맞는 노화 패턴을 학습한 결과를 요약된 지식의 형태로 변환한다. 그리고 밖으로 전달되는 것은 당신의 생체 정보가 아니라 '이 사람의 노화는 이런 방식으로 흘러가는구나'라는 패턴 정보뿐이다.

이 패턴들 수천, 수만 개가 중앙 서버에 모이면서 놀라운 능력을 얻게 된다. 전 세계 다양한 사람들의 노화 흐름을 지식 형태로 배우는 것이다. 그렇게 만들어진 정밀한 노화 모델은 다시 각 개인의 기기로 되돌아간다. 이 과정이 반복되면, AI는 마치 전 세계 모든 데이터를 본 것처럼 똑똑해지지만, 실제로는 단 한 명의 개인 정보도 이동하지 않는다.

이 기술이 노화 격차를 해결할 수 있는 이유는 데이터가 많지 않은 사람도, 데이터 접근성이 낮은 지역에 사는 사람도 동등하게 정확한 예측을 받을 수 있기 때문이다. 이제 타인의 데이터 차이는 예측 정확도를 결정하지 않는다. 모든 사람이 똑같이 정밀한 모델을 받는다.

이것이 연합학습이 가진 가장 큰 힘이다. 이로 인해 기술의 혜택을 모든 인간에게 공평하게 나누는 구조적 기반이 마련되는 것이다.

이 플랫폼을 현실로 만들기 위해 나는 인간과 AI가 공존하는 하이브리드 연구팀을 설계했다.

여기서 AI는 단순한 자동화 도구가 아니라, 인간과 함께 사고하고 제안하는 공동 연구자(co-researcher)다.

전체 팀은 서로 다른 전문성을 가진 4개의 핵심 AI 부서로 구성된다.

BioMind 연구본부 — 과학적 직관을 확장하는 두뇌 부서

주요 기능: 대규모 단백질·유전자 데이터를 분석하고, 노화 관련 바이오마커와 잠재 치료 타깃을 탐색한다.

핵심 역할과 부서적 의의: 수천 개의 노화 경로를 시뮬레이션해 어떤 단백질을 건드리면 노화를 늦출 수 있을지를 먼저 계산한다. 인간 연구자가 실험에 착수하기 전에 성공 가능성이 높은 가설만 빠르게 추려내 준다. 인간의 경험에 AI의 예측 직관을 더해 연구 속도를 몇 배로 끌어올리는 과학 가속 부서다.

SynChronos 개인데이터 통합센터 — 개인의 생체 리듬을 읽는 관제탑 부서

주요 기능: 개인의 생체 데이터(수면·식습관·스트레스·환경)를 실시간으로 통합 분석한다.

핵심 역할과 부서적 의의: 개인의 일상을 하나의 '노화 리듬 지도'로 시각화하여 오늘의 작은 습관이 내일의 생명력을 어떻게 바꾸는지 보여준다. 생체 리듬의 흐름을 모니터링해 맞춤형 노화 속도 지수를 생산한다. 이를 통해 데이터의 조각을 엮어 당신만의 노화 패턴을 읽어주는 개인 분석 부서다.

EthosGPT 인간-의미 해석실 — 기술과 사람의 마음을 연결하는 공감 부서

주요 기능: 복잡한 과학 데이터를 인간의 언어로 번역한다. 연구 결과를 사회·심리·윤리 맥락 안에서 재해석한다.

핵심 역할과 부서적 의의: 이 기술이 실제로 사람의 삶을 어떻게 바꿀 것인지를 인간의 감정과 서사 구조 속에서 설명한다. 난해한 생명과학 연구가 개인의 삶과 연결될 수 있도록 메시지·스토리텔링 전략을 제안한다. 기술과 인간 사이의 갭을 메우는 철학·의미 해석 부서다.

RegeneraNet 공정성·편향 조정국 — 모든 인간을 위한 균형을 유지하는 윤리 부서

주요 기능: 다양한 인종·연령·환경 데이터를 통합하고 노화 모델의 편향(bias)을 감지·교정한다.

핵심 역할, 부서적 의의: 특정 계층의 데이터가 과도하게 반영되지 않도록 전체 모델을 지속적으로 "평형 조정"한다. 지역·경제·연령 기반 격차로 인해 누락될 수 있는 데이터를 찾아내 보완한다. AI가 누구에게나 공정하게 작동하는 기술이 되도록 기준을 세우고 감시하는 윤리·공정성 부서다.

이 4개의 부서들이 다음과 같은 순환과정을 거친다.

BioMind(분석) → SynChronos(개인 예측) → EthosGPT(해석·전달) → RegeneraNet(편향 보정)

이는 단순한 데이터 처리 과정이 아니다. 연합학습을 통해 모인 노화 데이터는 생각-이해-해석-조율의 단계를 거쳐 개인의 생물학을 읽어내는 하나의 통찰로 정제된다. 이 시스템은 생활 습관, 유전 정보, 환경 요인을 함께 분석해 노화의 원인과 변화 방향을 명확히 파악한다.

그 결과, 이 팀이 만드는 노화 데이터는 단순한 숫자가 아니라 앞으로의 선택을 돕는 전략적 안내서가 된다. 다시 말해, 정보를 넘어 개인의 미래를 설계하게 하는 실질적인 통찰로 전환되는 것이다.

AI가 발견한 패턴은 언제나 무엇을 의미하는지에 대한 질문으로 이어져야 한다.

BioMind 부서에서 새로운 단백질 변형 패턴을 발견하면, 인간은 EthosGPT와 함께 그것이 실제 삶에서 어떤 변화를 만들지 해석한다. 생리적 데이터→삶의 질·감정·관계로 연결하는 작업, 이것이 인간 팀장의 역할이며, 이는 AI가 할 수 없는 일이다. SynChronos 부서에서 예측한 노화 속도가 실제와 다르면, 우리는 이를 오류가 아닌 학습 기회로 본다. 왜 오차가 생겼는지 인간 연구진과 AI가 함께 추적하고, 수정된 데이터는 다시 AI 팀원들에게 학습된다.

이 과정에서 AI는 인간의 현실 감각을 배우고, 인간은 AI의 사고 구조를 이해한다.

나는 이 구조를 Circular Learning이라 부른다. 또한 AI는 효율을 계산하지만, 인간은 가치를 선택한다. 나는 어떤 해법이 생리적 현상을 개선하더라도, 그것이 더 인간다운 삶과 연결되지 않으면 채택하지 않는다. 노화는 단순한 수치의 문제가 아니라, 인간의 존엄과 서사가 쌓여가는 과정이기 때문이다. 우리 팀의 강점은 AI와 인간이 서로의 약점을 보완하며 문제를 해결하는 방식이다.

우선 AI가 먼저 패턴을 포착한다. 예를 들어 BioMind가 염증성 단백질 급증을 감지하면, SynChronos와 EthosGPT가 각각 시간·삶의 맥락을 분석한다. AI는 사실을 말하고, 나는 방향을 묻는다. 다른 기업은 이상치를 처리하고 끝내지만, 우리는 그 신호가 사람의 실제 삶에서 어떤 의미인지를 먼저 질문한다.

AI의 분석 결과는 너무 많고, 너무 기계적이지만 나는 그 숫자 사이에서 '사람이 지금 바로 행동할 수 있는가?' '삶을 침해하지는 않는가?'를 기준으로 의미 있는 선택을 만든다.

AI가 최적의 값을 계산하면, 우리는 '삶에 맞는 해법'으로 조율한다. SynChronos에서 가장 효율적이라고 말해도, EthosGPT와 나는 사용자의 리듬을 고려해 현실적으로 가능한 대안을 제시한다. 우리는 최적값 AI가 아니라 삶 적합성 AI-인간 팀이다. AI는 관찰자이자 조력자로 남는다. 우리는 AI가 사용자를 통제하지 않도록 정보 제공 중심, 압박 금지의 원칙을 둬 인간의 자율성을 보장한다. 마지막으로 가치 기반 피드백을 거친다. AI가 분석한 결과라도 인간의 삶의 가치와 충돌하면, 나는 과감히 수정한다. 우리는 효율 중심이 아닌 가치 중심 피드백을 고집한다. AI는 인간보다 더 빠르고, 더 넓게, 더 깊게 계산한다. 하지만 그 패턴이 한 사람의 삶에서 어떤 의미를 갖는지 묻는 존재는 여전히 인간이다.

AI는 생명을 계산하고, 인간은 그 계산 속에서 삶의
방향을 선택한다.

2035년의 기술은 인간의 시간을 늘릴 것이다. 그러나 내가
바라는 미래는 오래 사는 인간이 아니라, 깊이 사는 인간이다.
기술이 생명을 확장한다면, 우리는 그 시간 안에서 어떤 삶을
살아갈지 설계해야 한다. 우리가 만드는 플랫폼은 단순히 노화
를 늦추는 기술이 아니라, 각자의 고유한 시간을 존중하는 새로
운 문명을 여는 도구다.

결국 중요한 것은 기술이 아니라 그 시간을 살아가는
우리 자신이다.

손주훈(바이오신약융합학부)

70억 명의 사람, 70억 개의 해답

2035년, 인공지능이 일상 깊숙이 자리 잡은 미래 사회에서, 바이오신약 산업은 지금과는 다른 모습을 하고 있다. 2020년대 초반까지만 해도 신약 개발에는 평균 10년 이상의 시간이 소요되었고, 성공 확률은10% 남짓이었다. 엄청난 비용과 시간이 투입되어도 약물이 임상단계를 통과하지 못하고 폐기되는 사례가 다반사였다. 하지만 2035년이 되면서 인공지능, 유전자를 고치는 기술, 3D 프린터로 인체 조직을 찍어내는 기술, 환자 개개인에게 최적화된 정밀 의료 기술 등이 빠르게 발전할것이고, 예전의 신약 개발 방식은 완전히 바뀔것이다.

약물 설계는 이제 시뮬레이션과 AI 분석을 통해 몇 시간 만에 수천 가지 후보 구조를 평가할 수 있으며, 환자의 유전자·단백질 구조에 맞춘 맞춤형 약물이 실험실에서 바로 테스트되고 있다. 인공적으로 만든 장기 모형이나 컴퓨터 속 가상 인간이 가

상 공간에서 수만 번의 임상시험을 대신해 준 덕분에, 개발 속
도는 5배나 빨라졌고 부작용 예측은 정확해졌다. 현재는 환자
들이 독한 약을 먹으며 약의 부작용을 당연하게 견뎌야 했지만,
미래에는 상황이 다르다. 환자는 3D 프린터나 정밀 기기가 즉
석에서 제조해 낸 알약을 복용하고, 이 약은 AI가 시뮬레이션한
대로 병을 치료할 수 있게 만들어져있다.

이러한 기술 발전 덕분에 신약 개발 속도는 과거 대비 5배 이
상 빨라졌고, 약물 부작용 예측의 정확도도 획기적으로 향상될
것이다. 하지만 약물 개발 단계의 혁신이 무색하게도, 정작 환
자에게 약을 적용하는 방식은 과거의 관행에서 크게 벗어나지
못했다. 2035년의 눈부신 기술 발전 속에서도, 개인별 약물 대
사 속도의 차이를 실제 처방에 온전히 반영하는 변화만큼은 유
독 더뎠다. '성인 1회 1정'.

우리는 이 표준 지침을 의심 없이 따른다. 하지만 70억 인구
의 대사 속도와 그날의 컨디션은 모두 다르다. 옷은 몸에 꼭 맞
게 수선해 입으면서, 생명을 다루는 약은 평균이라는 통계에 맞
춰 똑같이 삼키고 있는 것이다. 사람마다 약물을 분해하고 흡수
하는 속도, 즉 약물 대사율은 천차만별이다.

예를 들어, 대사 속도가 남들보다 느린 환자에게 표준 용량의 항암제를 투여하면, 약물이 몸 밖으로 배출되지 않고 체내에 쌓여 치사량을 넘기는 약물 독성 문제가 발생한다. 반대로 대사 속도가 너무 빠른 환자는 약효가 나타나기도 전에 약물이 분해되어 치료 효과를 전혀 보지 못하는 치료 실패를 겪는다. 가장 큰 문제는 기존 방식이 선 투여, 후 관찰이라는 점이다. 대부분의 신약 회사들은 환자에게 약을 준 뒤, 부작용이 발생하거나 암세포가 줄어들지 않는 결과가 나온 뒤에야 약의 양을 조절하거나 약을 바꾸는 방식을 쓰고 있다.

이러한 방식은 이미 환자의 몸이 망가진 뒤에 대처하는 방식에 불과하다. 환자의 간이 약물을 얼마나 빨리 분해하고 있는지, 현재 혈중 약물 농도가 치료 범위를 벗어나지는 않았는지를 실시간으로 파악하지 못하기 때문에, 골든타임을 놓치게 되는 것이다.

이 문제를 해결하기 위해 나는 어댑티브 바이오(Adaptive Bio)라는 회사를 설립할 것이다. 우리 회사의 목표는 약이 환자의 대사 속도를 실시간으로 이해하고 반응하는 프로세스를 만드는 것이다. 단순히 좋은 약을 처방하는 시대는 끝났다. 이제는 약물이 환자의 체내 상태와 생체 신호를 AI가 즉각적으로 읽고, 필요하면 약의 양을 조절하거나 아예 약을 바꾸는 수준까지 가능하게 해야 한다. 우리가 그리는 미래는 단순하다. 사람 몸의 리듬과 신호를 이해하고, 그에 맞춰 실시간으로 반응하며 약을 조절하는 것이다. 기술은 사람의 복잡한 몸을 이해하고 치료를 가장 좋게 만드는 도구로 써야한다.

우리 회사는 사람과 AI가 하나로 합쳐진 모습으로 이루어져 있다. 나는 팀장이자 연구 책임자, 기획실장으로서, 전체 개발 방향과 생명 데이터를 관리하며, 세 가지 AI 팀이 서로 충돌하지 않고 하나의 목표를 향해 움직이도록 조율하는 역할을 한다. AI는 빠르고 정확하게 데이터를 계산하지만, 그 계산이 환자의 실제 삶에 어떤 의미인지, 혹은 윤리적으로 옳은지 판단하지 못한다. 나의 조율 전략은 AI에게 정답을 찾는 것이 아니라 최선의 선택지 여러 개를 가져오도록 시키는 것이다.

예를 들어, AI가 '현재 환자의 약물 흡수 속도가 평소보다 급격히 빨라져 약효가 떨어지고 있으니, 투여량을 즉시 20% 늘려야 한다'는 계산 결과를 가져올 수 있다. 이때 나는 단순히 투여량만 늘리는 것을 승인하지 않는다. 대신 '흡수 속도가 빨라진 원인이 일시적인 운동 때문이라면, 투여량을 늘려 간에 부담을 주는 대신 약물이 천천히 퍼지도록 방출 속도를 조절하는 편이

낫다'는 판단을 내린다. 즉, 환자의 실시간 대사 리듬에 맞춰 투여량과 속도의 균형을 맞추며, 데이터 너머의 인간적인 가치를 기준으로 최종 결정을 내리는 것이다. 또한, 각 AI가 서로 다른 정보를 독점하지 않도록 모든 데이터를 실시간으로 공유하는 중앙 시스템을 관리하며, AI가 잘못된 방향으로 학습하지 않도록 지속적으로 감독한다.

AI 조직은 세 개의 핵심 부서로 구성되어 있으며, 각각의 장단점과 활용 전략은 다음과 같다.

첫째, 임상 및 안전 관리팀 Medisyn-AI는 시뮬레이션으로 약물을 시험하는 일을 맡는다. 원래 영상 진단 AI였던 Medisyn은 2035년, 환자의 유전자, 면역, 미생물 데이터를 합쳐 0.01초 단위로 몸속 반응을 똑같이 구현하는 수준으로 발전할 것이다. 우리 회사는 이를 통해 약이 몸속에서 작용하는 것을 실시간 분석하고 투약 계획을 즉시 수정한다. 다만 스트레스나 음식 같은 외부 돌발 변수까지는 완벽히 예측 못 한다는 한계가 있어 1차 안전망으로만 쓴다. 대신 세번째 AI인 HelixMind가 수집한 '현실 데이터'를 다시 입력해, 시뮬레이션이 실제 환자와 점점 더 똑같아지도록 계속 업그레이드하는 방식을 사용한다.

둘째, 투여 설계팀인 GPT는 미세 물질 구조를 분석하고 약물 반응을 예측한다. 단백질 작용과 화학 구조에 대한 수십억 건의 데이터를 학습해, 환자에게 딱 맞는 약 구조나 투약법을 순식간에 조절해낸다. 인간이 평생 걸릴 데이터를 분석해 수백만 개의 후보를 창조하지만, 현실적인 제조 가능성이나 예상 밖의 생물학적 문제가 있을 수 있기 때문에 샘플 생성기로 활용한다. 프롬프트를 입력할 때는 단순히 '좋은 약 찾아줘'가 아니라, '대사 속도가 1.5배 빠르니 약효가 오래 가도록 구조를 변형하되, 합성이 쉽게 기본 구조는 유지해' 같은 구체적인 프롬프트를 입력한다. 이렇게 조건을 좁혀 현실적으로 만들 수 있는 최적의 후보를 빠르게 확보한 뒤 Medisyn-AI에게 넘겨 검증한다.

셋째, 운영 및 모니터링팀 HelixMind는 환자와 약을 이어주는 실시간 연결시켜준다. 웨어러블 기술이 발전한 이 AI는 환자의 심박, 혈압, 혈중 약물 농도, 그리고 환자가 느끼는 증상까지 실시간으로 감지한다. 이론이 아닌 환자의 몸 반응을 읽어내 약의 종류와 양을 조절하는 핵심 역할을 한다. 위험 신호가 잡히면 즉시 GPT와 Medisyn-AI에 데이터를 넘겨 약의 양을 10% 늘리면 어떨지 다시 시뮬레이션하게 만들고, 나는 그 결과와 환자 상태를 종합해 최종 결정을 내린다.

우리 회사의 진짜 경쟁력은 단순히 성능 좋은 AI를 보유한 것이 아니라, 이 세 가지 팀과 팀장이 하나의 회사로써 움직이는 실시간 협업 프로세스에 있다.

실제 치료 현장에서 돌발 상황이 발생했을 때,
우리 시스템은 다음과 같은 유기적인 순환 과정을 통해
문제를 해결한다.

HelixMind가 약물 농도 이상을 감지하면 GPT가 즉시 대안을 설계하고, Medisyn-AI가 가상 시뮬레이션으로 안전성을 검증한다.

하지만 최종 결정권은 인간 팀장에게 있다. 수치상 효율이 높더라도 환자의 삶의 질을 해친다면 배제하며, 윤리적 기준에 부합하는 안을 승인해야만 투여가 진행된다. 이처럼 AI의 기술력과 인간의 가치 판단이 결합된 시스템이 우리 회사의 독보적인 차별성이다.

최종 목표는 단순한 모니터링을 넘어, '완전 자동화된 맞춤형 치료 플랫폼'을 완성하는 것이다. AI가 환자의 유전자와 생활 패턴까지 스스로 학습해, 발병 전에 최적의 치료 전략을 먼저 제안하는 단계로 나아갈 것이다. 이 시스템이 완성되면 의사는 처방을 고민하는 사람이 아니라, AI가 설계한 전략을 최종적으로 검토하고 지휘하는 감독관의 역할을 수행하게 될 것이다. 결국 내가 그리는 미래는 기술 덕분에 인간이 질병 앞에서도 온전히 존엄을 지키는 세상이다. 언젠가는 '약물 부작용'이나 '치료 실패'라는 단어가 역사책에서나 볼 수 있는 낡은 개념이 되기를 바란다.

AI의 계산 능력과 인간의 통찰력이 조화를 이루어, 누구나 자신의 몸에 딱 맞는 치료를 받고 두려움 없이 건강한 삶을 누리는 것. 그것이 바로 나와 우리 회사가 기술을 통해 실현하고자 하는 내일이다.

김보민(바이오신약융합학부)

10년 뒤, 교실엔 선생님이 둘이다

아침 9시의 교실을 떠올려 보면, 책상은 일정한 간격으로 놓여 있지만 학생들의 상태는 모두 다르다. 어떤 학생은 이미 다음 단원을 읽고 있고, 또 어떤 학생은 같은 문장을 여러 번 읽으며 겨우 따라가고 있다. 누군가는 집중이 잘 되어 앞서 나가고, 누군가는 감정에 영향을 받아 속도가 느리다. 이렇게 한 공간에 함께 있어도 학습의 속도와 감정은 학생마다 다를 수밖에 없다.

이처럼 한 교실 안에서 각기 다른 학습 리듬이 동시에 나타난다는 점이, 앞으로 AI가 가장 먼저 다루게 될 영역이기도 하다.

학생의 심박, 뇌파, 시선 흐름, 표정 변화까지 실시간으로 읽어내는 기술이 발전한다면, 학습은 지금보다 훨씬 더 개인화된 형태로 변화할 것이다.

이렇게 AI가 개인 학습의 리듬을 정교하게 조율할 수 있는 환경이 만들어질수록, 함께 모여 배우는 학교라는 공간이 어떤 역할을 해야 하는지 다시 생각하게 된다. 겉으로 보기엔 모든 것이 정교하게 조율되는 미래의 교실처럼 보이지만, 실제의 배움은 언제나 예상 밖의 움직임을 품고 있다. 기술이 아무리 정교해지더라도, 학생의 마음과 배움의 흐름은 여전히 인간의 시선이 필요한 영역이 남아 있기 때문이다.

이러한 문제의식 속에서, 우리는 자연스럽게 10년 뒤의 교실을 떠올리게 된다.

10년 뒤의 교실은 지금과 전혀 다르다. 천장은 초정밀 센서 패널로 이루어져 있고, 학생의 피부에는 초경량 생체 센서 패치가 붙어 뇌파, 심박, 긴장도, 피로도까지 실시간으로 스캔한다. 책상 위 태블릿은 학생의 속도와 이해도를 파악해 다음 학습 단계를 제안하고, 교실 전체의 조명은 학생들의 집중 흐름에 따라 자연스럽게 변한다. 조용한 집중이 필요한 순간에는 빛이 부드럽게 눌러앉고, 활력이 필요한 순간에는 색온도가 미세하게 올라가며 리듬을 되찾게 해준다. 청각 자극 또한 초지향성 스피커를 통해 각 학생에게 필요한 형태로 조정된다.

학생들은 단지 속도만 다른 것이 아니라, 배우는 방식 자체도 서로 다르게 움직인다.

어떤 학생은 먼저 개념을 이해해야 다음으로 넘어가는 사람이 있는가 하면,

어떤 학생은 문제를 풀어보며 감각적으로 흐름을 잡아야 비

로소 학습이 열리기도 한다.

또 어떤 학생은 조용한 집중을 통해 에너지를 모으는 반면, 어떤 학생은 동료의 의견을 듣고 교류하는 과정 속에서 사고가 확장된다. 기술은 이러한 차이를 인식하고 필요한 힌트를 제공할 수 있다.

그러나 어떤 방식으로 배우고, 언제 멈추고, 언제 방향을 바꿀 것인지는 여전히 학생 스스로 판단해야 하는 영역으로 남아 있다.

겉으로는 매끄럽게 흘러가는 교실처럼 보이지만, 실제의 배움은 이해가 막히거나 감정이 흔들리는 순간들을 반복하며 진행된다.

바로 이 판단과 흔들림의 순간에서, 기술이 대신할 수 없는 여백이 생긴다.

그 여백은 시스템의 오류가 아니라, 학생이 스스로 생각을 조정하고 배움의 방식을 선택하며 성장해 가는 과정 그 자체이다.

그중에서도 특히 크게 드러나는 세 가지 흐름이 있다.

첫 번째는 시간감각의 혼란이다. AI가 압축된 학습을 만들어 주면 학생은 "10분 같은데 벌써 한시간이 지난느낌"을 경험한다. 이 왜곡은 집중과 휴식의 균형을 무너뜨릴수있다. 두 번째는 스스로 공부하는 힘의 약화다. AI가 조명·음악·환경을 조절해 몰입을 만들어 주기 시작하면 학생은 점점 "AI가 나를 집중하게 해주겠지"라고 기대하게 된다. 스스로 노력하는 힘이 조금씩줄어드는 것이다. 세 번째는 감정의 진정성 문제다. AI가 학습효과를 높이기 위해 긍정적 감정을 유도한다면, 학생은 자신이 느끼는 감정이 진짜 자신의 감정인지 혼란을 겪을수 있다. 이 문제는 미래 교육이 반드시 마주하게 될 윤리적 과제가 된다.

학교는 지식만 배우는 공간이 아니라, 서로의 질문을 듣고 실수를 공유하며 함께 배우는 방식을 익히는 공동체다. 이러한 경험은 아무리 정교하게 개인화된 AI 학습 환경이라 해도 대신할 수 없다. 그래서 나는 학교라는 공간이 다시 정의될 필요가 있다고 느꼈다.

웅드림은 이러한 문제의식에서 출발한 AI 공존형 학교 모델이자 교육 설계 조직이다. 웅드림은 교실에서 일어나는 복잡한 배움의 흐름을 한 사람이나 하나의 기술이 모두 판단하고 통제하는 방식이 더 이상 적절하지 않다고 본다. 대신 인간 팀장이 중심에서 교육의 철학과 방향을 맡고, 학습·감정·데이터라는 서로 다른 영역을 담당하는 AI 기반 부서들이 그 판단을 뒷받침하는 구조를 지향한다. 각 부서는 고유한 관점에서 학생의 상태를 해석하고, 인간 팀장은 이 해석들을 종합해 하나의 배움 경험으로 연결한다. 이처럼 구성된 웅드림의 교실은 단순히 "AI가 도와주는 교실"이 아니라, 사람과 기술이 서로의 한계를 보완하며 함께 작동하는 학습 생태계에 가깝다.

가장 먼저 움직이는 부서는 학습 리듬을 조율하는 리듬 오케스트레이션 부서다. Fitbit·Apple Watch의HRV 측정 기술과 Google Classroom의 학습 데이터 분석을 확장해 개발된 이 부서는, 단순한 시간 관리 도구가 아니라 학생 개개인의 집중 흐름과 피로도, 학습 속도를 하나의 지도처럼 읽어 내는 역할을 맡는다. AI는 학생이 놓치기 쉬운 미세한 변화를 포착해 "지금은 잠시 전환이 필요합니다"와 같은 제안을 건네고, 인간 팀장은 학생의 표정과 수업 맥락을 함께 고려해 최종 결정을 내린다. 목적은 학생의 시간을 대신 관리하는 것이 아니라, 학생이 자신의 리듬을 스스로 알아차리고 선택할 수 있는 힘을 기르게 하는 것이다.

또 한 축은 감정의 상태를 읽어내는 감정 인터프리테이션 부서다. Affectiva·Azure의 감정 분석 모델과 GPT 기반 언어 모델을 결합해 만들어진 이 부서는 감정을 조작하거나 긍정적으로 만드는 것이 아니라, 학생이 현재 느끼는 감정을 어떻게 이해하고 다룰 수 있는지를 돕는 데 초점을 맞춘다. 말하고 싶지만 머뭇거리는 순간, 혹은 아이디어는 있지만 표현할 타이밍을 놓친 순간 등을 포착해 부드럽게 신호를 건넨다. 그 신호를 받은 인간 팀장은 학생에게 자연스럽게 질문을 건네고 대화를 열어, 감정을 억누르지 않고 배움의 일부로 다루는 법을 함께 찾아간다.

마지막으로 학습 데이터를 지키고, 학생의 선택권을 보호하는 데이터 가디언십 부서가 있다. 프라이빗 블록체인과 DID 기술을 기반으로 구축된 이 부서는 학생의 데이터가 언제, 어떤 목적을 위해 사용되는지를 투명하게 알려주고, 공유·보류·삭제 중 어떤 결정을 내릴지는 학생 본인이 선택하도록 한다. 프로젝트 발표 자료를 외부 플랫폼에 올리고 싶은 학생에게 위험도 분석을 먼저 제시하고, 인간 팀장은 그 선택의 이유를 함께 이야기하며 데이터 윤리를 실제 경험을 통해 배우도록 돕는다.

이 세 영역은 각각 따로 움직이는 것이 아니라, 교실 안에서 하나의 유기적 흐름처럼 연결된다. 리듬을 읽는 기술이 감정의 결을 비추고, 감정의 결이 데이터 선택의 윤리로 이어지며, 결국 인간 팀장이 이 모든 흐름을 엮어 하나의 배움 경험으로 완성한다. 웅드림이 꿈꾸는 미래 교실은 AI가 앞서거나 인간이 뒤처지는 구조가 아니라, 기술이 인간의 판단을 강화하고, 인간이 기술이 놓친 결을 완성하는 공존형 모델에 가깝다.

웅드림의 구조가 가장 돋보이는 지점은, 세 개의 AI 기반 부서가 각자의 방식으로 교실의 흐름을 관찰하면서도 인간 팀장의 판단 아래 하나의 학습 서비스처럼 움직인다는 점이다. 예를 들어 교실 전체의 집중 흐름이 흔들리는 순간, 리듬 오케스트레이션 부서는 뇌파·심박·필기 속도 변화를 종합해 '지금은 잠시 전환이 필요한 시점'이라는 분석을 보낸다. 이를 받은 인간 팀장은 학생들의 표정과 수업 분위기를 직접 확인하며 "잠깐 쉬자"라는 결정을 내리고, 부서는 그 결정에 맞춰 각 학생에게 서로 다른 회복 신호를 제공한다. 기술이 효율을 감지하고, 인간이 방향을 정하는 구조가 교실 안에서 자연스럽게 완성된다.

또 다른 장면에서는 감정 인터프리테이션 부서가 "한 학생의 발화 빈도가 눈에 띄게 줄어들었다"는 정서 패턴을 포착한다. 그러면 인간 팀장은 조심스럽게 그 학생 곁으로 다가가 "네 생각도 듣고 싶어"라며 대화의 문을 열어 준다. 프로젝트 발표를 앞둔 상황에서는 데이터 가디언십 부서가 "이 자료를 외부와 공유하는 것이 적절한가?"라는 질문을 먼저 제기하고, 학생은 분석 정보를 토대로 스스로 선택한다. 인간 팀장은 그 선택의 이유를 함께 되짚으며 자연스럽게 데이터 윤리를 배우게 한다.

이처럼 세 부서는 각자의 관점에서 신호를 보내고, 인간 팀장은 그 신호들을 엮어 학습과 관계, 윤리를 하나의 경험으로 통합한다. AI와 인간이 이어지는 이 학습 서비스 루프는 단순한 기술 활용이 아니라, 미래 교실의 운영 방식 자체를 다시 설

계하는 과정에 가깝다. 결국 중요한 것은 기술의 속도가 아니
라 인간의 선택이다.

AI는 집중을 돕고 감정을 비추고 데이터를 정제할 수 있지만,
배움의 방향을 결정하는 일은 늘 인간의 몫으로 남는다. 그래서
10년 후 교실에서 진짜 필요한 능력은 단순히 AI를 잘 다루는
기술이 아니라, 자신의 리듬과 감정, 데이터를 스스로 조절하며
AI와 균형을 맞출 수 있는 힘이다. 웅드림은 바로 이 힘을 기르
는 데 초점을 둔 모델이다.

기술 중심이 아니라 인간 중심을 관통하는AI 공존형 학교, 학
생의 판단력과 자기조절을 되돌려주는 미래 교실의 표준.

이 비전은 특정 회사의 방향을 넘어서,
앞으로의 모든 학교가 향해야 할 새로운 기준이라고
나는 믿는다.

안재웅(영미언어문화학과)

내일의 식판에는 '만약'이 존재하지 않는다

2035년, 수천 명의 식사가 만들어지는 대기업 구내식당 주방에서 '잔반통'이 아예 자취를 감춘 풍경을 상상해 본다. 이것은 막연한 공상이 아니라, 철저한 데이터 계산이 만들어낼 머지않은 미래가 될 것이다. 현재의 주방은 어떠한가?

우리는 여전히 영양사들의 "내일 비가 오니까 짬뽕이 잘 팔리겠지?"라는 불완전한 '감'과 경험치에 의존해 수백만 원어치의 재료를 주문하고 있다. 이러한 방식은 필연적으로 오차를 낳고, 예측이 빗나가는 날이면 멀쩡한 식재료가 조리도 되지 못한 채 음식물 쓰레기로 변하는 것을 지켜봐야만 한다.

하지만 10년 후, 미래의 주방은 완전히 달라질 것이다. 식재료가 입고되는 순간부터 퇴식구로 나가는 찰나까지, 모든 흐름이 데이터로 통제되는 '정밀한 공장'으로 진화할 것이기 때문이다. 스마트 게이트가 입장하는 직원들의 컨디션을 읽어 식수 인원을 실시간으로 보정하고, 외부의 기상 데이터와 연동된 시스템이 튀김기의 가동 시간을 조절하여 낭비를 원천 봉쇄하는 세상이 올 것이다.

이러한 미래를 현실로 앞당기기 위해, 주방의 '디지털 두뇌'를 만드는 회사 '플레이트 제로(Plate Zero)'를 설립하고자 한다. 우리가 제시할 솔루션의 핵심은 단순히 '많이 팔릴 것'을 예측하는 차원을 넘어, '버려질 확률'을 선제적으로 계산하는 것이다. 가령, '기온이 30도 이상이고 습도가 80%인 날, 튀김류 메뉴의 잔반율이 45% 증가한다.'는 패턴을 분석해, 영양사에게 "튀김 발주량을 줄이고 냉채류를 늘리라"고 지시하는 식이다. 우리는 직접 밥을 짓지는 않겠지만, 밥을 짓는 사람들이 단 1g의 오차도 없이 완벽한 의사결정을 내릴 수 있도록 돕는 '예측의 확신'을 판매하는 회사가 될 것이다.

이러한 비전을 실현하기 위해 나는 5명의 유능한 AI 팀원들로 효율적인 협업을 위해 세 개의 핵심 부서로 조직화하여 시스템을 구축할 계획이다. 먼저 현장의 데이터를 수집하고 분석하는 현장 분석팀에는 욜로(YOLOv8)와 프로펫(Prophet)을 배치한다. 욜로는 식당 퇴식구의 눈이 되어 잔반을 실시간 스캔하고, "돈가스 소스 잔반율이 높으니 염도 조절이 필요하다"는 미세한 레시피 수정 데이터를 제공한다. 이 데이터는 즉시 시계열 예측 담당인 프로펫에게 전달되는데, 그는 기상청 날씨, 주변 상권 이벤트, 임직원 휴가 패턴을 결합해 오차 없는 정밀한 식수 인원을 산출한다. 두 번째로 '메뉴 기획팀'에서는 창의적인 기획자 GPT-4o가 활약한다.

분석된 데이터를 바탕으로 영양 균형과 색감까지 고려한 최적의 식단과 플레이팅 시안을 생성해 영양사의 고민 시간을 획기적으로 단축시킨다. 마지막으로 운영 관리팀에서는 데빈(Devin)과 태블로(Tableau)가 살림을 맡는다. 데빈은 솔루션이 고객사의 ERP와 충돌 없이 연동되도록 코드를 자율적으로 관리하며, 태블로는 절감된 비용과 탄소 배출량을 경영진이 한눈에 볼 수 있는 대시보드로 시각화하여 우리의 가치를 증명한다.

이처럼 AI 팀원들이 완벽에 가까운 기계적 효율성을 제공하겠지만, 인간 팀장은 '솔루션 큐레이터'로서 AI가 놓칠 수 있는 빈틈, 즉 맥락을 관리하는 데 집중될 것이다.

AI는 데이터의 패턴을 읽지만,
그 식당을 이용하는 '사람의 마음'과 '조직의 특수성'은
읽지 못하기 때문이다.
인간 팀장의 핵심 업무는 AI가 도출한 정량적 데이터
결과값에 인문학적 맥락을 입혀,
고객사에게 설득력 있는 최종 인사이트를
제공하는 것이다.

가령, AI 분석팀이 다가오는 월요일의 기온(30도)과 습도 데이터를 분석해 원가 절감과 날씨 적합성 면에서 완벽한 메뉴인 '냉모밀'을 추천하는 상황을 가정해 보자. 데이터상으로는 흠잡을 데 없는 정답이다. 하지만 만약 그날이 해당 기업의 '창립기념일'이라면, 나는 AI의 제안을 수정하도록 권고할 것이다. 직원들은 이날만큼은 빠르고 간편한 식사보다는 회사로부터 대접

받는다는 느낌을 원할 것이라는 맥락을 읽을 수 있기 때문이다. 나는 영양사에게 "데이터상으로는 냉모밀이 효율적이지만, 창립기념일이라는 특수성을 고려해 '특제 비빔밥과 수육 세트'로 변경하여 직원들의 사기를 높이자"고 제안할 것이다. 이러한 인간적인 개입을 통해, 고객사는 잔반율 0%라는 효율뿐만 아니라 직원 만족도라는 무형의 가치까지 얻을 수 있게 된다.

'플레이트 제로'가 꿈꾸는 미래의 급식 산업은 명확하다. 우리는 조리사들이 재고 걱정과 행정 업무라는 반복 노동에서 해방되어 오롯이 '맛있는 요리'에만 집중할 수 있는 환경을 만들고자 한다. 기술은 낭비를 없애는 도구일 뿐, 식탁 위의 감동을 완성하는 것은 결국 사람의 손끝이라는 믿음 아래, 우리는 가장 차가운 데이터 분석 기술로 가장 따뜻한 밥 한 끼를 만들어내는 조력자가 될 것이다.

이것이 우리가 데이터를 통해 증명하고자 하는 주방의 혁신이다.

이예성(기계공학과)

숲보다 강한 바다, 지구를 구하다

2035년이 되면 해양 환경 관리 체계는 오늘날과는 비교할 수 없을 정도로 발전할 것이다. 해안 도시와 항구들은 인공지능 기반 디지털 트윈 시스템을 통해 해양 상태를 실시간으로 모니터링을 한다. 시간 모니터링 데이터를 통해 태풍이나 쓰나미 같은 중대한 기후 재해를 예측하면, 인공지능 시스템은 즉시 해안 침식, 수위 상승, 방파제의 취약 지역 등의 위험 요소를 분석해 대응 방안을 마련한다. 드론, 위성, 수중 센서의 네트워크 기반 통합 덕분에 재해 대응 속도가 기존보다 크게 향상될 것이며 정확도도 크게 높아질 것이다.

특히 주목할 만한 점은 블루카본(Blue Carbon)이 국제 탄소 시장에서 점차 핵심 자산으로 부상하고 있다는 것이다. 습지, 늪지, 맹그로브 숲 등의 생태계는 단위 면적당 탄소 흡수 능력이 특히 뛰어나다. MRV 기술을 통해 이러한 지역의 탄소 저장량을 정밀하게 기록한 후, AI 시스템이 이를 분석해 해당 블루카본 신용 한도를 산정할 수 있다. 정부와 기업이 이 신용 한도를 활용해 탄소 감축 목표를 달성함에 따라, 생태계 보호와 경제적 가치가 직접 연결되는 새로운 시대가 본격적으로 열리고 있다.

그러나 기술 발전은 새로운 문제를 야기한다. 인공지능이 점차 인간의 모든 판단 능력을 대체함에 따라, 인간의 현장 감지 능력과 정서적 연결, 생태적 직관은 점점 약화된다. 블루카본 거래가 경제적 가치를 중심으로 전개되면서 생태계 전체의 건강 상태는 오히려 주변화되고 있다. 기술 접근이 제한된 지역은 데이터 수집 단계부터 배제되면서 기술 불평등과 해양 자원 이용 격차가 더욱 확대되고 있다.

기술 평가를 비롯한 해양 자원 이용 효율성 문제를 해결하기 위해서는 국제 협력을 더욱 심화하고, 국제 해양 데이터와 기술 자원을 공유해야 한다. 또한 개발국도 쉽게 활용할 수 있도록 저비용 모듈형 모니터링 기술을 확산하는 체계를 구축함으로써, 해양 관리 및 블루웨일 보호 사업 참여의 진입 장벽을 낮춰야 한다. 또한 우리는 1년 간의 전용 서비스를 제공하여 회원들이 란카본 운영에 직접 참여하고 특별 혜택을 누릴 수 있도록 한다.

국제 협력을 통해 각국은 기술 역량을 강화하고 해양 AI 모델의 공동 발전을 추진해야 한다. 또한 MRV 시스템이 독립적으로 작동할 수 있도록 보장해야 하며 자원이 소수 국가에 과도하게 집중되는 것을 막기 위한 국제 체계를 구축할 때, 블루카본과 해양 자원은 각국이 평등하게 공유하고 공동으로 혜택을 얻는 공공재산이 되어야 한다.

이러한 미래의 문제들을 해결하기 위해서는 기술의 추가적인 발전만으로는 결코 부족하다. 블루카본은 생물다양성 가치를 최우선으로 삼아 기술 평가 등의 제한을 완화함으로써 모든 연안 지역이 해양 관리 체계에 공정하게 참여할 수 있도록 추진하고, 새로운 형태의 운송 체계를 구축하고 있다. 도시와 농촌 간 발전 격차를 줄이고 AI 기반 의사결정에서 소외되는 지역을 최대한 줄이기 위해서는 기술과 정책, 현장 실천이 융합된 종합적 거버넌스 모델을 조속히 마련해야 한다. 따라서 미국 사회에서는 인공지능이 분석과 예측 업무를 맡고, 인간 팀장은 가치 판단과 생명 윤리적 결정을 실행할 수 있는 인간-기계 협업 의사결정 시스템을 핵심으로 삼아 새로운 해양 거버넌스 방안을 구축해야 한다.

이 문제는 단순한 기술적 쟁점이 아니라, 미래 사회의 가치와 인간의 역할에 대한 깊이 있는 성찰을 요구한다. 기술이 아무리 발전하더라도, 인간이 바다를 이해하고 보호하려는 출발점은 언제나 감정과 공감, 책임감에 있다. 인간적 가치를 무시하는 기술은 결국 지속 가능성을 잃게 될 것이다. 그래서 기술이 주도하는 시스템 속에 있더라도 나는 인간이 어떻게 바다와 다시 연결될 수 있을지 생각하게 되었다. 결국 나는 인공지능과 인간이 협력하는 미래형 해양 솔루션 기업 형태를 구축함으로써 답을 찾았다.

또한 이러한 변화들은 해양 환경 전반에 걸쳐 발생하고 있는 위기에서 비롯된다. 기후 변화로 인한 해수면 상승, 해양 산성화, 미세플라스틱 오염 심화, 해안 침식 등의 문제는 기존 대응 체계의 해결 능력을 이미 초과하고 있다. 동시에 태풍의 강도가 지속적으로 증가하고 비정상적인 기후 현상이 나타나면서 연안 지역의 피해는 해마다 더욱 심화되고 있다. 이러한 상황에서 인공지능 기반 디지털 트윈 기술과 블루카본 생태계의 전략적 중요성은 점점 더 부각되고 있다.

과거의 해양 엔지니어들은 구조물 설계에 주력했지만, 미래의 엔지니어들은 생태 복원에 주목하게 될 것이다.

탄소 흡수 평가, 탄소 배출권 거래(MRV) 기술, 자연 기반 해안 보호(NbS) 등 기후 기술 전 분야에 걸친 전문 역량이 필요하다.

미래 해양 환경 변화가 가속화됨에 따라, 기존의 관리 방식만으로는 블루카본의 상업화, 기술 격차, 해양 자원 이용 격차 등 새로운 도전에 효과적으로 대응하기 어려워지고 있다. 이러한 구조적 문제를 해결하기 위해, 나는 인공지능 기술과 인간의 판단력을 결합한 해양 솔루션 기업을 설계하였다.

기업 운영은 인공지능 팀과 인간 팀장의 협업 체계를 기반으로 한다. AI 시스템은 드론, 위성, 수중 센서를 통해 데이터를 수집하고 분석해 해안 침식, 태풍 변화, 블루카본 서식지 상태 등의 실시간 동향을 모니터링한다. 디지털 트윈 시스템을 통해 해안 환경을 시각화하고, 블루카본 MRV 엔진은 탄소 흡수량을 정밀하게 산출해 탄소 신용 계산에 활용한다. 인공지능은 방대한 데이터 처리와 예측 분석 분야에서 독보적인 장점을 갖고 있어, 기후 위기 대응 시대의 핵심 기술적 기반이 되고 있다.

최종 결정권은 인간 팀장이 맡는다. 인간은 인공지능이 반영하기 어려운 윤리적 기준과 생태 균형, 지역 사회의 요구 등 다양한 요소를 종합적으로 고려해 발전 방향을 조정한다. 이러한 인간과 기계의 협력적 의사결정 메커니즘은 기술의 과도한 주도를 방지할 뿐만 아니라, 해양 관리의 책임성과 지속 가능성도 확보할 수 있다.

이 시스템은 향후 심화 될 수 있는 문제들을 해결하기 위해 설계되었다. 블루카본 자원이 경제적 이익을 위해 과도하게 활용될 경우 생태계의 건강성이 약화 될 수 있으며, 기술 인프라가 부족한 지역은 데이터 수집 단계부터 배제되어 해양 관리 격차를 더욱 심화시킬 수 있다. 또한 데이터 집약적인 지역 중심의 AI 분석에 과도하게 의존할 경우, 자원 배분 과정에서 소외 지역의 소외화 위험이 더욱 커질 수 있다.

기업은 데이터 편향을 줄이기 위해 다단계 데이터 수집 체계를 구축할 것이며, 인공지능이 식별한 취약점을 현장 점검을 통해 인력 팀장이 직접 보완할 것이다. 블루카본 생태계는 탄소 배출량을 평가 기준으로 삼는 것을 넘어, 생물 다양성과 서식지 안정성을 생태 우선순위에 포함시킨다. 기술 격차를 완화하기 위해 이 기관은 이동식 해양연구소를 운영하며, 해저에 설치된 비용 센서를 배치하고 전문 교육을 실시해 관련 분야에 기술 지원을 제공하고 있다. 또한 인공지능은 새로운 기후 데이터를 학습하는 능력을 갖춘 적응형 모델을 지속적으로 구축하고 있으며, 인간 팀장은 다양한 시나리오에서 사회적·생태적 측면에서 합리적인 전략을 선택한다.

기업은 인공지능 분석 기술과 인간의 생태윤리적 판단을 융합함으로써 기술 중심의 해양 관리 방식의 한계를 극복하고, 지속 가능한 해양 환경 구축을 위한 새로운 모델을 제시하고 있다.

AI 생태계 모니터링 시스템이 특정 해역에서 블루카본 서식지의 탄소 흡수량이 급격히 감소하는 것을 감지하면, AI 데이터 분석 시스템은 위성 영상과 수중 센서 데이터를 종합적으로 분석해 초기 원인을 파악한다.

인간 팀장은 현장 조사팀과 함께 해당 지역을 방문해 인공지능이 인식하지 못한 환경 스트레스 요인들 -불법 어업, 퇴적물 유입, 서식지 파괴 등-을 직접 점검할 예정이다. 분석 결과 형식 간섭이 주요 원인으로 확인되면, AI 시스템은 자동으로 복원 우선순위를 산정하고 최적의 복원 방안을 제시한다. 인간 팀장은 지역 사회와 협력해 복구 계획을 수립하고, 복구가 완료되면 AI

시스템이 탄소 회수 진행 상황을 재감시할 예정이다. 이 과정은 기술 분석과 인간의 판단을 결합해 실제 문제를 해결하는 운영 모델을 보여주는 사례다.

미래형 해양 솔루션 기업은 인공지능의 분석 능력과 인간의 생태 윤리적 판단을 융합함으로써 기술 중심의 해양 관리 방식이 지닌 한계를 효과적으로 보완하고 있다. 이 방안은 블루카본 생태계의 핵심 가치를 회복하고, 기술 격차로 인한 연안 지역의 발전 격차를 줄이며, 지속 가능한 해양 환경 실현을 위한 구체적인 실행 방안을 제시함으로써 중요한 현실적 의미를 지닌다.

향후 10년 간 사회는 다양한 문제에 직면하게 되며, 이러한 문제들은 단일 기술로는 해결할 수 없으며, 오직 인간과 인공지능의 협력만이 현실적이고 지속 가능한 해결책을 제공할 수 있을 것이다.

장흔신(해양융합공학)

우리 회사의 막내는 AI 로봇

편 저 | 송지성
        정다희
만든이 | 정다희
만든곳 | 글마당

책임 편집디자인 | 하경숙
(등록 제2008-000048호)

만든날 | 2026년 2월 25일
펴낸날 | 2026년 3월 11일

주소 | 서울시 송파구 송파대로 28길 32
전화 | 02. 451. 1227
홈페이지 | www.gulmadang.com
이메일 | vincent@gulmadang.com

ISBN 979-11-90244-44-2(03320)   값 15,000원